Christine Swientek

Adoptierte auf der Suche...

HERDER spektrum
Band 5199

Das Buch

Was passiert, wenn Adoptivkinder ihre leiblichen Eltern suchen? Welche Dynamik wird in Gang gesetzt, welche möglichen Tabus in einer Familie gebrochen: nicht nur in der Adoptionsfamilie, sondern auch in der Familie der leiblichen Mutter, des leiblichen Vaters? Und was passiert, wenn – vielleicht auf Grund einer Auslandsadoption oder gar einer „anonymen Geburt" (Babyklappe!) – die Suche ins Leere laufen muss? Was können Adoptiveltern dazu beitragen, damit ihre Kinder sich ihrer Herkunft vergewissern können, sich produktiv mit ihrer besonderen Geschichte auseinandersetzen können? Christine Swientek plädiert für Offenheit von Anfang an. Und sie gibt Hinweise, wie Eltern – etwa bei einer Auslandsadoption – ihrem Kind auch seine Wurzeln vermitteln können. Sie erzählt von der Suche adoptierter Kinder. Adoptivkinder wissen, dass sie etwas Besonderes sind: Sie haben in der Regel zwei Mütter, zwei Väter und vielleicht auch noch Geschwister, die sie erst spät kennen lernen. Ein Buch, dass die Konfusion der Gefühle ernstnimmt, für frühe Aufklärung und Hilfe plädiert und alle Beteiligten zu Wort kommen lässt. Ein wichtiges Informations- und Begleitbuch für alle Betroffenen.

Die Autorin

Christine Swientek, Dr. phil., Professorin für Erziehungswissenschaften an der Universität Hannover, hat lange Jahre zur Thematik gearbeitet. Bei Herder Spektrum u.a.: Was Adoptivkinder wissen sollten und wie man es ihnen sagen kann; Mit 40 depressiv, mit 70 um die Welt; Wie Frauen älter werden: Zu Besuch bei alten Damen. Mit Eigensinn, Witz und Charme – außerordentliche Porträts; Unter dem Pseudonym Marianne Arlt: Pubertät ist, wenn die Eltern schwierig werden. Und: Welt ich komme. Der Pubertät zweiter Teil.

Christine Swientek

Adoptierte auf der Suche...

.... nach ihren Eltern
und nach ihrer Identität

HERDER
FREIBURG · BASEL · WIEN

Gedruckt auf umweltfreundlichem,
chlorfrei gebleichtem Papier

Originalausgabe

www.herder.de
Satz: Rudolf Kempf, Emmendingen
Herstellung: fgb · freiburger graphische betriebe 2001
www.fgb.de
Umschlaggestaltung und Konzeption:
R·M·E München / Roland Eschlbeck, Liana Tuchel
Umschlagfoto: © Stone
ISBN 3-451-05199-0

Inhalt

Menschen auf der Suche
Einleitung

Auf der ganzen Welt sind Menschen auf der Suche nach anderen Menschen: nach Verlorengegangen, Vermissten, freiwillig Verschwundenen, unbekannt Verzogenen, Verschleppten, vielleicht schon Toten.

Sie suchen über die Massenmedien, über das Internet, über Telefonbücher und speziell für sie arrangierte Fernsehsendungen. Sie bilden Organisationen oder Selbsthilfegruppen oder sie bleiben alleine mit ihrer Trauer und der Last und der Hoffnung – viele ohne zu wissen, dass sie eben *nicht* alleine sind!

Kriege, Revolutionen, Fluchten, Vertreibungen, Inhaftierungen ... reißen Familien auseinander, die vielleicht nie mehr vereinigt werden. Diese Biographien kennen wir, sie leuchten ein: Niemand fragt: „Warum suchst du dein Kind und du deine Eltern?" Niemand wendet ein: „Du bist erwachsen, hast durch andere Menschen eine Erziehung genossen"; „bist ohne dein Kind durchs Leben gegangen". Niemand käme auf die Idee zu sagen: „Vergiss es, es ist doch so lange her und vielleicht bist du nach diesen vielen Jahren auch gar nicht mehr erwünscht."

Menschen, die schicksalhaft und durch Gewalt auseinander gerissen wurden, haben alle Sympathien und alles Verständnis – und viele haben Organisationen, Suchdienste, „Apparate" auf ihrer Seite, die die Ermittlungsaufgaben professionell und routiniert übernehmen.

Adoptierte teilen dieses Schicksal: Sie wurden nicht gefragt, ob sie von ihren leiblichen Eltern getrennt werden wollten, und wir wissen, dass diese Trennungen nicht immer gewaltlos verliefen.

Adoptierte auf der Suche nach ihren biologischen Eltern, ihren Wurzeln, ihrer Identität – weltweit, wenig organisiert und oft schuldbeladen, weil sie etwas wissen wollen, was ihnen niemand sagen will . . . Adoptierte auf der Suche nach einer inneren Heimat, von der sie sich Heilung, Ruhe und Frieden versprechen . . . Adoptierte, die nie erfahren werden, wer sie warum in fernen Ländern ausgesetzt hat und die sich bescheiden müssen mit einem Allgemeinwissen über die Kultur, aus der sie stammen, weil über ihre individuelle Herkunft nichts bekannt ist.

Von diesen Menschen handelt das vorliegende Buch: Adoptierte, die sich auf den Weg machen – innerhalb Deutschlands, in die USA, nach Süd-Ost-Asien . . . Wie suchen sie? Welche Quellen gibt es, welche Hilfsmöglichkeiten, welche Chancen, welche Grenzen? Aber auch: Warum suchen sie und wie geht es ihnen, wenn sie gefunden oder auch nicht gefunden haben?

In diesem Buch wird es aber auch um die andere Seite gehen: um die leiblichen Eltern, die gesucht und gefunden werden – die meisten beglückt, wenige desinteressiert oder entsetzt. Es wird auch über Eltern berichten, die sich selber auf die Suche begeben, obwohl sie – streng juristisch betrachtet – dazu kein Recht haben, sondern auf Hilfe, Mitleid und vor allem Wissen und Akzeptanz ihrer Geschichte und die dahinterstehenden sozial-politischen Dimensionen angewiesen sind.

Erwachsene „Kinder" und ihre biologischen Eltern suchen und finden einander, und die sozialen Eltern bilden dabei den Hintergrund: lebenslang und aktuell, psychisch, physisch, emotional. Sie stellen die Weichen: aktiv oder passiv, akzeptierend und helfend oder ablehnend und blockierend.

Adoption spielt sich in einem Viereck ab. Zu der früheren Version der großartigen Eltern, die ein Kind aus der Gosse retteten, ist längst die biologische Mutter, der leibliche Vater und wie ein Bindeglied zwischen allen die Adoptionsvermittlerin hinzugenommen. Im Sucheprozess „begegnen" sie sich zwangsläufig wieder – nach 16, 18, 30 oder auch mehr Jahren. Auch über diese Begegnungen und ihr Möglichwerden, über das Mit- oder Gegeneinander, über die Bereitschaft und die Ängste gibt dieses Buch Auskunft.

In meinem ersten Beruf habe ich Kinder zur Adoption vermittelt. Später hat das Schicksal der abgebenden Mütter mich nicht losgelassen und ich habe es wissenschaftlich zu erfassen gesucht[1]. Daraus entstand die Idee der Suche. Sie ging von den Müttern aus, die fast alle suchen oder sich zumindest finden lassen wollten. Und sehr schnell wurde daraus eine Suche auf Gegenseitigkeit, die sich immer mehr in Richtung „Adoptierte suchen ihre Eltern . . ." verschob. In den letzten 12 Jahren habe ich etwa 150 Suchen angeregt, begleitet und dabei teilweise zu geradezu detektivischen Lösungen aufgefordert. Diese rund 30-jährige Tätigkeit rund um die Adoption fließt in das vorliegende Buch ein und will ermutigen und ermuntern, dem eigenen, sehr subjektivem Wunsch zu folgen und sich von Widerständen aller Art nicht abhalten zu lassen, die Menschen zu suchen, von denen man irgendwann (freiwillig oder nicht) getrennt worden ist.

Die unveränderlichen und unveränderten Fakten des Geschehens in diesem Buch sind identisch mit dem Titel

[1] Vgl. Literaturliste

„Wer sagt mir, wessen Kind ich bin". Ich habe sie wie ein Gerüst stehen gelassen. Leider wird Adoptionsforschung in Deutschland so gut wie nicht gefördert, so dass manche empirischen Ergebnisse und wissenschaftlichen Erkenntnisse noch die alten sind: wenngleich auf dem neuesten Stand, denn einen neueren gibt es nicht. Auch einige der „typischen Fälle", wie sie sich vor 20 oder vor 10 Jahren ebenso wie heute ereignen, sind geblieben. Es hat sich in den letzten Jahren jedoch vieles verändert, es gibt neue Erfahrungen, einen Generationenwechsel in den Ämtern, internationale Verknüpfungen ganz neuer Art – aber auch Rückschritte, die alle guten Ansätze zunichte zu machen drohen.

Die Adoptionsszene ist im letzten Jahrzehnt insgesamt liberaler und demokratischer geworden. Abgebende Mütter brauchen sich nicht mehr zu verstecken, viele Adoptiveltern können lockerer mit Adoption (und eigener Kinderlosigkeit) umgehen und die Adoptierten profitieren von einer relativen Offenheit. Ich hoffe, dass das vorliegende Buch dazu beiträgt, diese Entwicklung weiter voranzutreiben.

Die Suche nach den Eltern ist die Suche nach Identität

Adoptierte, die sich auf die Suche nach ihren leiblichen Eltern und somit nach ihrer Vergangenheit machen, sprechen immer wieder davon, dass sie ihr „richtiges Ich", ihre „wahre Identität", ihr „eigentliches Sein" finden wollen. „Wer sind meine Eltern, also wer bin ich", ist die Formel.

Adoptierte, die ihre Eltern oder auch nur die Mutter gefunden haben, sagen: „Jetzt weiß ich, wer ich bin und wohin ich gehöre." „Ich ruhe endlich in mir selber, ich habe mich gefunden . . ." „Ich habe meine Identität gefunden."

Die Psychologin Beate Ebertz hat in ihrem Buch: „Adoption als Identitätsproblem" anhand von Interviews und Fallbeispielen aufgezeigt, wie entwurzelt sich manche Adoptierte erleben und wie sie das Gefühl von „Dissonanz" durch die Trennung von „biologischer Herkunft und sozialer Zugehörigkeit" haben. „Irgendwie" erleben sich Adoptierte „anders" – und es hängt sehr von der Einstellung und dem Verhalten der Adoptiveltern ab, wie sehr „anders" sie sich empfinden, wie stark sie integriert sind, wie selbstverständlich ihre Adoptionen betrachtet, wie sehr sie als Individuum geachtet wurden.

Adoption und Identität

Was ist Identität? Wie entsteht sie? Alle psychologischen Schulen treffen sich in der Aussage, dass *Identität das Konzept ist, das ein Mensch von sich selbst hat.* Dieser Entwurf von sich selber entsteht in Prozessen sozialer Interaktion und individueller Reflexion.

Der Mensch hat die Fähigkeit, durch Nachdenken und Über-sich-selber-Sprechen sich selber gegenüberzutreten. Diese Fähigkeit wird erworben, indem das Individuum lernt, sich mit den Augen anderer zu sehen und dementsprechend einen Standpunkt zur eigenen Person einzunehmen, seinen eigenen Standort zu finden. Wir sprechen hier von *persönlicher* und von *sozialer Identität:*

Wer bin ich? Wo bin ich angesiedelt? Wie ordne ich mich selber zu? Welcher Gruppierung gehöre ich an? Diese Standortbestimmungen sind laufend Veränderungen unterworfen – nie jedoch zu trennen von verbaler und nonverbaler Kommunikation. Das Gegenüber – der Einzelne, die Gruppe, Familie, Kollegenkreis, Schulklasse usw. hat in diesem Prozess die Funktion eines Spiegels, der das eigene Verhalten zurückwirft und durch den die Person erfährt, wer sie ist oder auch wer sie nicht ist.

Identität entsteht also in einem ständig variierenden Geflecht von Beziehungen, Zuschreibungen, Mitteilungen, Deutungen, Fragen und Antworten. Der Mensch bekommt ein Bild von seinem So-Sein in der Welt.

Für Hausser ist Identität die Einheit aus Selbstkonzept, Selbstwertgefühl und Kontrollüberzeugung eines Menschen, die er aus Erfahrungen der (Fremd- und) Selbstwahrnehmung, Selbstbewertung und sozialer Kontrolle entwickelt und fortentwickelt.

Der einzelne Mensch erlangt seine Identität immer nur

durch Zugehörigkeit (bzw. Nicht-Zugehörigkeit!) zu seinen wesentlichen Bezugsgruppen und durch die gegenwärtigen und vergangenen(!) Erfahrungen, die er machen konnte.

Die Erfahrungen im sozialen Bereich beruhen auf Beziehungen, die wiederum ein hohes Maß an normativen Erwartungen mit sich bringen. Zum Teil werden diese unbewusst als „Forderung" innerhalb verschiedener Formen des Miteinander gestellt. Nach Goffman, einem der Altväter der Identitätsthematik, werden diese Forderungen, die zunächst eher Erwartungen sind, erst dann bewusst, wenn die aktuelle Frage auftaucht, ob sie erfüllt werden oder nicht.

Nun gibt es Forderungen, die aufgrund von Handicaps, Körperfehlern oder Unzulänglichkeiten nicht erfüllt werden können. Hier spricht die Soziologie von einem „Stigma" im Sinne „körperlicher Zeichen physischer Unstimmigkeit" und der „Unehre", die damit verbunden sein kann.

Das Problem Stigma stellt sich allerdings nur dort, wo gesellschaftliche Erwartungen bestehen, die vom Individuum nicht realisiert werden können. Ist das Stigma offensichtlich und bekannt (wie z. B. eine schwere Körperbehinderung), spricht Goffman von dem „diskreditierten" Menschen. Kann das Stigma jedoch total oder teilweise geheim gehalten werden, ist es nur manchen bekannt und soll anderen nicht offenbar werden, ist der stigmatisierte Mensch ein „Diskretierbarer":

- *Adoptiveltern,* die ihre biologisch oder psychisch bedingte Kinderlosigkeit geheim halten und durch eine Adoption kaschieren wollen;
- *Adoptiveltern,* die aus dem gleichen oder anderen Gründen ihr Adoptivkind nicht „aufklären";

- *Adoptierte,* die sich ihrer vermeintlich „minderen" Herkunft schämen und sich nach außen als leibliche Kinder der Adoptiveltern ausgeben;
- *„abgebende Mütter",* die ihr Leben lang die „Schande" eines nichtehelichen Kindes und seine spätere Fortgabe geheimhalten usw. Sie alle leben unter dem permanenten Druck der Entdeckung, die sie dann nicht nur zu diskreditierten Menschen macht, sondern sie u. U. auch noch zusätzlich als „Lügnerinnen" entlarvt.

Zur Bewältigung dieser Stigmata stehen den Menschen vielfältige Formen des Verhaltens zur Verfügung, über die in diesem Buch immer wieder (manchmal nur zwischen den Zeilen) berichtet wird. Ein Stigma nur zu „managen", damit der Anschein von „Normalität" bleibt, löst immer weitere Probleme aus. Auch davon wird in vielen „Fällen" die Rede sein! Es sind Probleme, die manche Beteiligten ein Leben lang festhalten und deren Lösung unendlich Mühe kosten kann, ebenso viel Mühe wie zuvor die Wahrung des „Geheimnisses".

Identität ist wandelbar. Sie ist (nach dem Modell von Erikson, 1981) ein lebenslang unbewusst ablaufender Prozess, der sich durch den beständigen Austausch zwischen dem Individuum und der Gesellschaft vollzieht. Zu diesem Austausch gehören die Wahrnehmung und die Bewältigung von Krisen.

„Krise" ist das überraschend Neue, Überwältigende, Ängstigende, für das es noch keine eingeschliffenen Verhaltensmechanismen gibt, mit denen gelassen und „routiniert" reagiert werden kann. Krise ist ein Wendepunkt im Leben eines jeden Menschen. Erst durch sie ist geistig-seelisches Wachstum möglich.

Für Adoptierte können Kindheit, Jugend und junges Erwachsenenalter sehr viel stärker krisenbelastet sein als für biologische Familienkinder. Je nachdem, wie selbstverständlich ihr Da-Sein in der neuen Familie gelebt wird, wie harmonisch sie ihren Wert (Selbstwert), ihre Selbstvergewisserung und ihr So-Sein erleben können oder wie stark ihr Zerrissensein zwischen zwei Familien oder sogar Kulturen ist, werden sie ihren besonderen Status in ihr Ich integrieren.

Zur Identität des Adoptivkindes

Wenn in der Literatur von der Identität des Adoptivkindes die Rede ist, dann grundsätzlich im Zusammenhang mit der Suche nach seinen biologischen Eltern: Wer sind sie – also wer bin ich, woher komme ich, wo stehe ich in der Ahnenreihe, der Geschwisterfolge? Warum wurde so und nicht anders über mich entschieden? Die Suche nach den leiblichen Eltern ist die Suche nach der persönlichen Identität.

Dieser Aspekt ist nicht neu – wenngleich er jeden einzelnen Adoptierten in irgendeiner Phase seines Lebens beschäftigt, irritiert, nicht mehr loslässt.

Aus der Sicht der Identitätsentwicklung greift dieser Aspekt jedoch zu kurz. Die Frage nach der persönlichen und sozialen Identität stellt sich zwar bewusst und konkret in der Auseinandersetzung mit der Herkunft. Die eigentliche Identitätsfindung geschieht jedoch nicht primär bei der Erforschung der genealogischen Linie, sondern in der *Beziehung zu den Adoptiveltern.* Lange bevor es um die Suche nach den biologischen Wurzeln geht, erheben sich die Fragen:

- *Wer* teilt dem Kind *wie* mit, *wer* es ist?
- *Auf welche Weise* erfährt das Kind von seinen Funktionen innerhalb der Adoptivfamilie?

- Welche *Rollenerwartungen* soll es erfüllen?
- Wie wird seine physische Herkunft *bewertet* – und somit auch sein physisch-psychisches Da-Sein?
- Oder: bleibt seine Herkunft *das große Geheimnis*, das über der Familie schwebt: unausgesprochen – aber immer präsent?

Betrachten wir die Situation der ungewollt Kinderlosen, die sich zunächst über viele erfolglose Jahre teuren und schmerzhaften Behandlungen unterziehen bis zum Rande ihrer individuellen Belastungsfähigkeit und nicht selten mit dem Preis einer harmonischen Partnerschaft „bezahlen", dann ist eine Adoption hoch belastet mit Erwartungen an sich selbst und an das Kind. Das Kind wird mit Erlöserqualitäten ausgestattet: Es soll erlösen aus Einsamkeit, Depression, Sinnlosigkeit des Lebens, aus gesellschaftlicher Isolation, und es soll die langwierigen Auseinandersetzungen mit sich selbst und dem Partner über einen neu zu überdenkenden Lebensentwurf beenden.

Der Psychiater Herzka weist auf weitere Funktionen des adoptierten Kindes hin, das nicht um seiner selbst willen angenommen wurde, sondern eine ganz bestimmte Aufgabe zu erfüllen hat:

- Die Rolle als Ersatzkind, wenn Kinderlosigkeit unverarbeitet blieb oder ein leibliches Kind verstorben ist.
- Die Rolle des Familienstifters, auf dass aus einer Ehe eine „richtige Familie" mit „richtiger Familienatmosphäre" wird.
- Das Adoptivkind als Spiel- und Lebensgefährte des leiblichen Einzelkindes.
- Das Kind, das die altersgemäße notwendige Umstrukturierung in der Familie aufhalten soll, wenn die leiblichen

Kinder flügge werden und vor allem die Mutter nicht in der Lage ist, die Probleme des Alterns und der zweiten Lebenshälfte zu bewältigen.

Die Kinder- und Jugendpsychiatrie sieht in der wechselseitigen Beziehung zwischen Adoptiveltern und Adoptivkindern ganz spezifische Gefährdungen:

- Adoptiveltern stehen unter dem Druck, ein besonders gelungenes Erziehungsprodukt vorweisen zu müssen.
- Das Kind steht somit unter einem besonders hohen sozialen, emotionalen und intellektuellen Leistungsdruck, der zunächst leicht in eine Überanpassung münden kann – aus Angst, wieder fortgeschickt zu werden und aus Schuldgefühlen den Menschen gegenüber, die es „errettet" haben.

Betty Lifton und andere Adoptierte, die über ihre Biographien berichten, weisen immer wieder auf die Besonderheit des Kindes hin, wenn die Eltern vor sich und anderen den Begriff des auserwählten, ausgesuchten Kindes verwenden. Sie wollen dem Kind gegenüber betonen, welche Bedeutung es für sie hat – stellen es damit aber aus der Reihe normal erlebter Familienbande.

„Besonderheit", „Besonderssein" hat auch viel zu tun mit „Aussonderung". Die Grenzen sind verwischt, der Grad nur sehr schmal, das „besondere" Kind kann schnell zu einem „sonderbaren", einem ausgesonderten werden. Ein Kind, das angenommen wurde, um bestimmte Funktionen innerhalb eines Familien-Systems zu erfüllen, wird nicht zu einer persönlichen Identität finden. Es wird zwischen Erwartungshaltungen von außen, der Zweideutigkeit der Beziehung und dem eigenen Ich-Ideal hin und her gerissen werden. Und es scheinen gerade diejenigen Adoptierten zu sein, die ihre Identität im Finden der leiblichen Eltern suchen. So sagt eine 35-jährige Adoptierte, die eine Selbsthilfegruppe Adoptierter leitet: „Suchen tun nur wir Unglücklichen und Entwurzelten!"

Zu mir ist einmal das große Nein gesagt worden

In einer Rundfunksendung hörte ich einmal ein jiddisches Lied, ins Deutsche übersetzt. Es war ein Lied der Freude und des Dankes. Im Refrain kam immer wieder der Satz vor: „Zu mir ist einmal ein großes Ja gesagt worden."

Das Lied hat mich durch diese Aussage sehr berührt: Es konnte „eigentlich" nichts Schlimmes mehr im Leben geschehen, es konnte sich „eigentlich alles nur zum Guten wenden, denn ich bin einmal (von meinem Gott) angenommen worden, zu mir wurde ein großes Ja gesagt."

Im Nachdenken über diese grundlegende Bejahung fiel mir auf, was viele Adoptierte als Kinder unausgesprochen belastet hat und was sie oft erst als Erwachsene in Worte fassen können: Zu mir ist einmal das große *Nein* gesagt worden. Irgendwann in meinem Leben war ich nicht gewollt – so wenig, dass man/meine Mutter/mein Vater . . . mich fortgegeben haben.

Adoptiveltern betonen gerne die *Sonderrolle* ihres Kindes – sowohl dem Kind gegenüber als auch in Publikationen. „Dich haben wir uns ausgesucht . . . leibliche Eltern müssen nehmen, was sie kriegen, Adoptiveltern können sich ihr Kind wählen . . ."

Zum einen stimmt diese Aussage schon lange nicht mehr. Adoptiveltern haben keine Auswahl. Sie gehen schon seit mindestens 30 Jahren nicht mehr in einem Säuglingsheim von Bettchen zu Bettchen und nehmen das Kind, bei dem der „Funken überspringt". Sie suchen nicht aus. Sie können, wenn ihnen ein Kind angeboten wird, einmal ablehnen, auch noch ein zweites Mal, aber spätestens dann sind ihre Chancen auf nochmalige Berücksichtigung gleich Null.

Adoptivkinder, die größer werden, wissen das. Sie wissen, dass sie letztlich keine Auserwählten sind. „Ich bin ihnen zugeteilt worden, was soll das ganze Gerede vom Aussuchen", schreibt eine Adoptierte. Ein Kind – dem Kindergartenalter entwachsen – hat auch nicht mehr das Bedürfnis, etwas Besonderes, Herausragendes zu sein. Es will so sein wie alle! Es will durch nichts anders gemacht werden, und je älter es wird (Pubertät!), um so mehr gehen sein Wünsche in Richtung Zugehörigkeit, Identischsein mit Gleichaltrigen, durch nichts aus der Masse herausfallen, bis die ersten Individuierungstendenzen einsetzen.

Ein Kind, das als ein besonderes deklariert wird, ist auch sehr schnell ein ausgesondertes. Diese Besonderung kann bei fortschreitendem Bewusstseinsstand immer stärker ins Negative umschlagen. Selbst Adoptiveltern, die ihren Kindern erklären, dass die Mütter sie aus materiellen Gründen nicht behalten konnten, können nicht vermeiden, dass die Kinder darüber grübeln, warum sie nicht *dennoch* daheim bleiben konnten. Ihr Wissen über psychosoziale und sozioökonomische Lebensbedingungen ist größer geworden.

Bei einem in der Pubertät ohnehin labilen Selbstwertgefühl kommen viele zu dem Schluss, dass es neben aller materieller Not auch an ihnen selbst gelegen haben müsse. Die Frage, ob sie vielleicht zu schwierig waren, ob sie nicht genügt haben, taucht vor allem dann auf, wenn Kinder erst nach der Säuglingsphase freigegeben wurden.

Bei den anderen bleibt das Gefühl (und das Bewusstsein): Wenn sie mich *wirklich* geliebt hätte, hätte sie alle Not auf sich genommen, denn eine Mutter muss jegliches Opfer für das eigene Kind bringen. (Von den Vätern ist in diesem Zusammenhang übrigens *nie* die Rede!)

Mit einer ganz besonderen Selbstwertproblematik haben Adoptierte zu kämpfen, die wissen, dass Geschwister behalten, sie jedoch freigegeben wurden. Die Fragen „Warum gerade ich? Was war an mir schlechter als an meinen Geschwistern?" prägen ihr Leben und ihre Gedanken. Die Unsicherheit über die Abgabegründe und die Annahme durch fremde Menschen wird durch diese Tatsache bei sehr vielen Adoptierten ganz erheblich vertieft.

Der Schluss ist in jedem Fall: Ich war nicht so gewollt, wie es eigentlich sein soll! Ich war nicht geliebt. Ich bin fortgegeben worden. *Zu mir ist einmal im Leben das große Nein gesagt worden.*

Was Adoptiveltern nicht wahrhaben wollen: Dieses große Nein hat im Leben von Adoptierten eine ungleich größere Wirkung als das Ja, das sie bei der Annahme des Kindes zu ihm gesagt haben. Je schwieriger die Eltern-Kind-Beziehung ist oder gewesen ist, um so stärker ist das Gefühl, verlassen worden zu sein, ohne je einen vollwertigen Ersatz dafür bekommen zu haben. Das große Nein überwiegt das große Ja dann bei weitem. Das große Nein steht für Adoptierte am Lebensbeginn und prägt für viele ihr ganzes Dasein wie eine Wunde, die nicht verheilen kann. Die Suche nach der Mutter ist unbewusst auch oft der Versuch, diese Wunde sich schließen zu lassen. Neben dem großen Nein steht das große Warum, und das verlangt nach Klärung, um (vermeintliches) Abgelehntsein wenigstens vom Verstand her verarbeiten zu können.

Das erträumte Königshaus – das befürchtete Bordell

„Phantasien bilden für den Adoptierten
eine schützende Schranke vor dem innersten Kern
seiner geheimsten Sehnsüchte oder Ängste."
(Betty Lifton, Adoptierte)

Fast jedes Kind, jeder Jugendliche hat Idealvorstellungen davon, wie er gerne aufwachsen, zu welcher Familie er gerne gehören würde. Jugendliche erleben sich auch in ihren biologischen Familien nicht (mehr) zugehörig. Sie erleben ihre Eltern als feindselig, sie können sich nicht vorstellen, dass tatsächliche, „richtige" Eltern so furchtbar sein können. Sie träumen sich in Geschichten hinein, bilden Phantasien, die ihren Wünschen sehr viel näher kommen als die graue Realität . . .

Diese Träume und Phantasien gehören in die Pubertät. Sie dienen der Ablösung vom Elternhaus, von den Menschen, die einmal als „Ideal" empfunden wurden. Würden sie anhalten, wäre ein Selb-Ständigwerden nicht möglich, eine Ablösung könnte nicht stattfinden.

Die Jugendlichen fühlen sich vor allem ungeliebt – und schließen daraus, dass sie eigentlich nicht in diese Familie gehören, dass sie Fremde sind (genauso leben sie in diesem Alter auch in ihren Familien!) und dass das Schicksal ihnen einst ihre „wirklichen", „richtigen" und natürlich liebevolleren Eltern schicken wird.

Irgendwann weichen diese Träume der Realität –in der Regel dann, wenn erkannt und erfahren wurde, dass Konflikte zum menschlichen Dasein gehören, dass sie Beziehungen zu festigen in der Lage sind und keine endgültigen Brüche bedeuten (müssen).

Die versagenden Eltern brauchen nicht mehr weggeträumt und durch vermeintlich „echtere" ersetzt zu werden. Man kann sich mit ihnen emotional und intellektuell auseinander setzen, ohne ihre Liebe zu verlieren!

Bei Adoptierten ist dieser Vorgang weitaus problematischer. Weiß er über seine Herkunft Bescheid, dann hat er reale Probleme mit den Adoptiveltern, von denen er (wie der Nichtadoptierte!) zu wissen meint, dass sie ihn gar nicht lieben *können!* (leider trifft dieses Gefühl durchaus auch in manchen Adoptivfamilien zu!). Die Sehnsucht nach den „richtigen", den „guten" Eltern, die alles gestatten und nichts verbieten, ist zielgerichtet auf existierende Personen, von denen es meist wenig zu wissen und viel zu vermuten gibt. Der Schritt der Entwicklung, sich nach abgeflauten Stürmen mit den vorhandenen Eltern zu arrangieren, wird nicht oder nur unter Schwierigkeiten vollzogen, weil es eben tatsächlich noch „die Richtigen" gibt – nicht als Märchen, nicht als Wunschtraum, sondern von Fleisch und Blut.

Am problematischsten aber ist die Situation für Adoptierte, die von ihrer Adoption nicht wissen, sondern nur ahnen. Das Gefühl, dass „irgendetwas nicht stimmt", ist sehr viel konkreter als beim „normalen" Jugendlichen, der sich nur im pubertären Clinch mit seinen Eltern befindet. Er hat (meistens) Hinweise, konkrete Vermutungen, er erlebt Ausflüchte, plötzliches Schweigen, Ungereimtheiten.

„Leute mit Geheimnissen hinterlassen immer Spuren", schreibt die Adoptierte Betty Lifton. „Sie verraten sich unwissentlich, vielleicht weil sie sich schuldig fühlen und ertappt werden wollen."

Für den „ahnenden" Adoptierten werden alle Gespräche zu einem Eiertanz. Der „normale" Familienroman bekommt einen Hintergrund mit Riss – es gibt zu viele geheime Hinweise, dass mit der Vergangenheit etwas nicht stimmt. Andeutungen, Anfragen, Provokationen werden mit Unsicherheit oder mit Aggressivität der Eltern beantwortet. Das erträumte (Abstammungs-)Märchen wird nicht (zeitgleich mit dem Phantasieren) letztlich als doch unreal erklärt („Aber eigentlich weiß ich doch, dass sie meine Eltern sind!"), sondern bleibt als Gemisch von Träumen, Wünschen, Ahnungen, Vermutungen, realen Informationen, minimalen Hinweisen usw. erhalten.

Aus dieser Verwirrung gibt es weder den Ausgang des „normalen" Jugendlichen, der sich irgendwann ablösend mit den Eltern arrangiert; auch nicht den des aufgeklärten adoptierten Jugendlichen, der planen kann, seinc „Traumfamilie" einst zu suchen (und sie an der Realität zu messen!). Der Ahnende bleibt gefangen in seinem Unwissen und seinen Vermutungen.

Möglicherweise ist das der Grund dafür, dass er nur schwer in der Lage ist, zu einer vollständigen Lösung von den Adoptiveltern (und allgemein: erwachsenen Autoritäten!) zu kommen. Viele bleiben seltsam infantil, wirken auch mit 24 und 28 Jahren noch „pubertierend", haben die Entwicklungsphase von Loslösung und neuer Bindung nie altersentsprechend vollzogen. Betty Lifton sagt von ihren adoptierten Schicksalsgenossen denn auch, dass sie nie richtig erwachsen werden könnten!

Den Traum, eigentlich einem Königshause zu entstammen, eine Prinzessin zu sein, die eines Tages wieder abgeholt wird, nachdem sich die Wirren in ihrer Stammfamilie gelegt haben, scheinen viele adoptierte Mädchen zu träumen. Ich habe es in meiner Arbeit mit Adoptierten häufig gehört – meistens erzählt mit einem schamhaften Lächeln, einmal bis hin zu einer geistigen Verwirrtheit, der die exakten genealogischen Linien zweier europäischer Königshäuser zugrunde gelegt worden waren.

Diesem Traum stehen – oft in der gleichen Person – die Angstphantasien gegenüber, eine Prostituierte zur Mutter und einen unbekannten Freier zum Vater zu haben. Leider werden diese Phantasien von Vermittlungsstellen bei Adoptiveltern geschürt (vor allem dann, wenn kein Wissen vorliegt . . . eine besondere Gefahr bei der derzeitigen Diskussion um Babyklappen und anonyme Geburten!) und die Adoptiveltern geben diese „Ahnung", die sehr entfernte Mutmaßung mehr oder weniger deutlich an ihre Kinder weiter. „Wer weiß, woher du stammst"? ist in pubertären Auseinandersetzungen ein gängiger Ausruf, der nie mehr zurückgenommen werden kann und auf den fruchtbaren Boden der Phantasien und Ängste fällt.

Es gibt in der Adoptionsszene aber noch ein anderes „Märchen", den Mythos der „anderen Seite": den Mythos, Eltern zu sein wie alle anderen auch!

„Ich hatte noch immer das Gefühl, meiner Adoptivmutter niemals sagen zu können, was ich getan hatte (die leibliche Mutter zu suchen – Sw.): Indem ich ihren Mythos zerstörte, würde ich das zerstören, was in ihrem Leben am meisten Bedeutung hatte" (Betty Lifton).

Die „meiste Bedeutung" hat für viele Adoptivmütter eben die Tatsache, dass nun auch sie ein „eigenes" Kind haben – nachdem sie viele Jahre zutiefst leiden mussten, weil die Biologie oder die Psyche ihnen diese Wunscherfüllung verweigerte. Endlich sind sie nun auch „normal", „gehören dazu" – und um diese Illusion nicht zu zerstören, erklären sie (für sich und für andere) ihr Kind als ihr „eigenes". Der Mythos von biologischer Kindschaft ist geboren! Selbst wenn später über die Adoption gesprochen wird, kann dieser Mythos durch Selbsttäuschung und Tabuisierung erhalten bleiben – allerdings nur so lange, bis die leibliche Mutter verbal oder tatsächlich „auf den Plan" tritt und die Realitäten nicht länger zu leugnen sind!

Träume und Phantasien – entwicklungsbedingt und entwicklungsverzögernd – bestimmen die Adoptionsszene, sind manchmal hilfreich, letztlich aber dann zerstörend, wenn sie nicht der Realität weichen.

„Mein Vater, der König", „meine Mutter, eine Prinzessin in weißen Gewande, die mich eines Tages holen kommt" und „mein Kind, das mich für alle Zeit aus dem Elend der Kinderlosigkeit befreit" sind Mythen, mit denen niemand auf die Dauer gefahrlos leben kann!

Wer sucht?

Vorbemerkungen

Alle Zahlen über die Sucheaktivität von Menschen, die von Adoption betroffen sind, haben nur einen geringen Aussagewert. Da es in Deutschland keine gezielte umfassende Adoptionsforschung gibt (sie wird finanziell nicht gefördert und bleibt den Interessen einzelner Forscher und deren persönlichem finanziellen Engagement vorbehalten), sind alle Daten, über die wir verfügen, nur vorläufig oder geschätzt. Sie entstammen kleinen Studien – oft regional begrenzt oder auf einen Vermittler reduziert – oder sogar nur persönlichen Erfahrungen, die verallgemeinert werden. Wenn dieses in politischen Entscheidungsprozessen Verwertung findet, kann es fatale Folgen haben. So behauptete bei einer Anhörung über anonyme Geburten im Deutschen Bundestag ein Professor, Adoptierte würden nicht suchen. Zu mir gewandt sagte er dann leise: „Ich habe zwei und die interessieren sich überhaupt nicht für ihre Herkunft!"

Es kann nichts mit auch nur annähernder Sicherheit behauptet werden – es sei denn, die Studie, aus der die Zahl(en) stammt, wird in ihrer Größenordnung und der befragten Klientel konkret benannt.

Einige wenige Zahlen, die einen Trend angeben könnten, seien hier genannt:

- Nach einer Untersuchung der Schweizer Psychologin Keller-Thoma bei *20 bis30-jährigen Adoptierten hatten* 40 % der Befragten bereits gesucht. 30 % gaben an, sich noch nicht zu trauen. 25 % hatten kein Interesse.
- In der gleichen Befragung forderten 60 % ein schriftlich fixiertes Recht auf Wissen um die Abstammung (das es damals in der Schweiz noch nicht gab).
- Knoll und Rehn befragten zur gleichen Zeit *Jugendliche,* die adoptiert worden waren. 60 % von ihnen wollten suchen: „sehr gerne" bzw. „ziemlich gerne". 70 % würden gerne mehr über ihre Herkunft erfahren.

„Insgesamt kann über die Jugendlichen gesagt werden, dass sie anscheinend sehr an ihrer Herkunftsfamilie interessiert sind und sich auch damit beschäftigen, wie es wäre, die eigene Ursprungsfamilie einmal kennen zu lernen. Letztlich scheint aber bei den meisten Jugendlichen doch eine gewisse *Hemmschwelle* zu bestehen, die sie davon abhält, selber aktiv zu werden und eigene Nachforschungen anzustellen" (Knoll/Rehn 1985, S. 125).

Die beiden Autoren haben aber aufgrund ihrer sehr differenzierten Befragung feststellen können, dass das Interesse an der Herkunftsfamilie um so größer ist, je früher die Kinder in die Adoptivfamilie kamen. „Ein höheres Ankunftsalter reduziert anscheinend das Interesse daran. Ein höheres Ankunftsalter bedeutet, dass das Adoptivkind schon seine eigenen Vorerfahrungen besaß: Wahrscheinlich ist auch heute noch die Erinnerung an die leiblichen Eltern vorhanden und vermindert so das Interesse am Kennenlernen. Denkbar wäre auch eine negative Einstellung der Herkunftsfamilie gegenüber aus den gemachten Erfahrungen heraus" (S. 79).

Denkbar wäre meiner Meinung nach aber auch, dass die durch höheres Aufnahmealter stärker belastete Familie weniger enge, weniger herzliche Beziehungen zu dem Kind knüpfen konnte – und dieses deshalb als Jugendlicher (!) noch nicht die innere Freiheit hat, sich der leiblichen Familie zuzuwenden. Wenn die Einstellung der Adoptiveltern den leiblichen Eltern gegenüber negativ ist, besteht für den Adoptierten auch eine größere „Gefahr", dass die Adoptiveltern negativer auf die Suche und das Finden reagieren. Der Jugendliche, der das weiß oder ahnt, wird sich (noch) zurückhalten, um den Kontakt in der Familie nicht noch mehr zu erschweren, die etwas gefährdeten Beziehungen nicht auch noch durch Fragen nach der leiblichen Familie zu belasten. Nach meinen Erfahrungen haben adoptierte *Jugendliche,* die sich zu Hause nicht wohlfühlen, noch größere Bedenken zu suchen – bzw. sind ihre Ambivalenzen größer! Einerseits möchten sie unbedingt „ihre" Familie kennen lernen, andererseits haben sie aufgrund mangelnden Vertrauens nicht die Sicherheit, *trotzdem* bei ihren Adoptiveltern gut aufgehoben und geborgen zu sein.

Im Übrigen schreiben Knoll und Rehn sehr richtig, dass Adoptiveltern das tatsächliche Interesse ihrer Kinder an der biologischen Familie sehr viel niedriger einstufen als es tatsächlich ist. So ist es wohl auch zu erklären, dass Adoptiveltern sich sehr lange in einer gewissen „Sicherheit" wiegen, nichts ahnen, nichts merken, nichts wissen – während ihre Kinder längst auf der Suche sind oder sogar schon die Eltern gefunden haben!

Ihre Einschätzung entspricht natürlich ihren eigenen Bedürfnissen nach dem Sich-sicher-Sein, nach ungetrübter Familienharmonie und Ungestört-Leben. Auch das Besitzdenken mancher Adoptiveltern stört eine freie Sicht auf die Realitäten. Und selbstverständlich ist die Einschätzung der Eltern von denen der Kinder um so weiter entfernt, je schlechter die Beziehungen zwischen beiden sind: Herrscht

Offenheit zwischen Eltern und Kind – und erstreckt sich diese Offenheit auch von Anbeginn an auf das Thema Adoption, Herkunft, Suche …, dann können Kinder getrost ihre Eltern über die eingeleiteten Schritte informieren oder aber sie auch um Rat und Mithilfe bitten, wenn sie mit der Suche beginnen wollen!

Problematisch ist die Suche auch für diejenigen Adoptierten, die ein negatives Bild von den leiblichen Eltern haben, weil sie es so von den Adoptiveltern vermitteln bekamen. Es verstellt ihnen die Suche aus Angst.

Suche-Organisationen wie z.B. der Internationale Sozialdienst Deutschland haben keine konkreten Zahlen. Es fehlt an Zeit, Geld und Personal, diese wichtige, über Jahrzehnte durchgeführte Arbeit einmal in ihren Grundaussagen, Erfolgen und Misserfolgen zu erforschen.

Entsprechendes gilt für die Freien Wohlfahrtsverbände, die die Berechtigung zur Adoptionsvermittlung haben und für die Jugendämter und Zentralen Adoptionsvermittlungsstellen der Länder.

Sie alle sind seit langer Zeit mit Suchen befasst und machen einheitlich die Aussage: Die Anzahl der Suchen steigt kontinuierlich an.

Populistische Fernsehsendungen und Talk-Shows tragen zur Nachfrage bei. Wurde ein Suche-Profi interviewt, steigt die Anzahl der Anträge und Anfragen auf Suche sprunghaft an.

Alles in allem gilt jedoch für den *Umfang:* „Nichts Genaues weiß man nicht!"

Der Zeitpunkt der Suche

Wenn Adoptiveltern sagen: „Unser Kind ist an einer Suche nach seinen leiblichen Eltern nicht interessiert", muss man auf alle Fälle einfügen: „*Noch* nicht!" (Abgesehen davon werden viele Eltern in die Suche-Aktivitäten ihrer Kinder nicht eingeweiht. Während diese bereits ein „Doppelleben" führen – von ihnen selber oft so benannt und als sehr problembeladen empfunden – wiegen sich die Adoptiveltern noch in der „Sicherheit", ihr Kind sei an niemand anderem interessiert als an ihnen als Eltern.)

Übereinstimmend betonen die professionell Suchenden mit langjähriger Erfahrung und auch die Adoptiveltern selber, dass die Idee zu suchen lange vorhanden ist, dass es aber eines Anstoßes von außen bedurfte, um sich tatsächlich damit zu befassen, nachzuschlagen, herumzutelefonieren, um Hilfe nachzusuchen.

Diese Zeitpunkte sind einzuteilen in
- Krisenzeiten – insbesondere, wenn sie mit der Adoption in Zusammenhang stehen – und
- umwälzende Familienangelegenheiten, die der eigenen Biographie eine Wendung geben (werden).

Zu diesen Umwälzungen gehören:
- Ablösung aus dem Elternhaus/Auszug (gelegentlich „im Bösen") oder Hinauswurf;
- Tod in der Adoptionsfamilie: ein Elternteil stirbt oder verunglückt;
- Eheschließung – oder feste Freundschaft mit Zukunftsplänen;
- Erwartung oder Geburt des ersten eigenen Kindes;
- ...

Diese Einschnitte haben alle etwas gemeinsam: Sie verweisen auf die genealogische Linie. Aus der vorangegangenen Generation stirbt jemand; die nächste Generation wird geplant. Diese Ereignisse lassen den Adoptierten fragen: Wo stehe ich in dieser Linie? Wo bin ich verwurzelt? Woher komme ich – also wohin gehe ich? *Zukunft braucht Herkunft* ist der Schlüsselsatz zu diesem Erleben, und das Erleben ist nicht nur hier und da subjektiv in Einzelfällen anzutreffen, sondern eine auch in der Philosophie verankerte Erkenntnis.

Als Beispiel möchte ich den Brief und ein Gespräch mit einem jungen Mann erwähnen, der seine Mutter gefunden hat. Diese Aussage steht für hunderte ähnlicher Art.

● „Als ich heiraten wollte, hatte ich das Gefühl, mehr wissen zu *müssen.* Ich hatte immer ein Gefühl der Minderwertigkeit und des Ungenügens. Ich wusste ja gar nicht, was ich da meiner Freundin anbot, was ich mitbrachte in die Familie, die wir mal sein wollten. Ihr war das völlig egal, aber ich wollte das wissen. Ich wollte vor allem wissen, ob es in meiner Familie Erbkrankheiten gab, die für uns Kinder ausgeschlossen hätte.

Aber das war nicht das Einzige. Ich schickte mich an, eine Familie in die Zukunft hinein zu gründen, ohne zu wissen, aus was für einer Familie ich aus der Vergangenheit erwachsen war. Ich hatte Zukunft, aber mir fehlte mein biologisches Geworden-Sein.

Die Suche hat lange gedauert. Ich habe meine Mutter nicht gleich gefunden. Weil meine Freundin aber unbedingt heiraten wollte, habe ich eingewilligt. Ungern, muss ich zugeben. Ich war noch nicht fertig für die Ehe, weil alles Vergangene im Dunkeln lag. Ich fühlte mich für die Ehe nicht vollständig genug. Zu einem Kind habe ich aber erst eingewilligt, als ich meine Mutter gefunden hatte. Ich hatte dann alle Informationen über ihre eigene Familie und über die meines Vaters. Da war alles plötzlich klar und durchsichtig geworden. Ich hatte ‚grünes Licht' und wir haben dann auch sofort unsere Tochter bekommen. Und erst als ich sie dann meiner Mutter brachte, hatte ich das Gefühl: Nun hat alles seine Ordnung!" (Uwe P.)

Der Kreis hat sich geschlossen, die genealogische Linie war nicht mehr unterbrochen und so konnte sie in die Zukunft hinein fortgesetzt werden.

Ich habe Uwe P. später gefragt, ob er ohne seine Heiratsabsichten die Mutter nicht gesucht hätte. Er musste erst lange nachdenken und sagte dann, dass er diesen Wunsch sehr stark am Ende der Pubertät verspürt habe, aber dann war so vieles andere in seinem Leben gewesen, was ihn diesen Plan vergessen ließ.

„Manchmal dachte ich daran, so wie an etwas Unerledigtes, das aber nicht unbedingt sofort gemacht werden muss. So wie an einen Brief, den man ‚irgendwann nochmal' beantworten will. Also latent war der Wunsch schon vorhanden. Ich hatte auch mal mit meinen Adoptiveltern darüber gesprochen, als ich schon lange nicht mehr bei ihnen lebte. Ich weiß ihre Reaktion nicht mehr, aber sie haben sich sicher nicht stark abwehrend verhalten, daran würde ich mich erinnern.

Nein, ohne geplante Eheschließung hätte ich diese Sache wohl immer wieder aufgeschoben! Heute bin ich froh, dass ich es nicht getan habe. Meine leibliche Mutter ist gesundheitlich angeschlagen, und viele Jahre wird sie wohl nicht mehr leben. Es wäre sehr schade gewesen, wenn ich am Ziel gestanden hätte, an dem mir jemand sagt: Deine Mutter ist vor vier Wochen beerdigt worden!"

Wenn es keine Vergangenheit gibt – so empfinden es viele Adoptierte – kann auch die Zukunft nicht aktiv und offensiv angegangen werden.

Motive, die leiblichen Eltern zu suchen

Was ist es, das Adoptierte nach ihren leiblichen Eltern suchen lässt?

Die Motive scheinen so vielfältig zu sein, wie es suchende Adoptierte gibt. Letztlich bündeln sie sich aber alle in der Frage: Wer sind meine leiblichen Eltern = *also wer bin ich?*

Von rein „äußerlichen" Motiven wie: . . .
- Wie sehen sie aus?
- Sehe ich ihnen ähnlich?
- Wie leben sie?
- Habe ich Geschwister?
- Was für Verwandte sind noch vorhanden?
- Wo wäre ich eigentlich aufgewachsen . . .?

. . . über die schmerzhaftesten aller Fragen:
- Warum haben sie mich fortgegeben?
- Warum wurde ich im Stich gelassen?
- Warum konnten sie mich nicht behalten?
- War ich vielleicht doch zu schwierig?
- Warum traf es mich und nicht meine Geschwister?
- Was war an mir schlechter als an ihnen . . .?

. . . sind alle Fragen, alle Probleme in den Motivationen enthalten. Aber auch das Motiv, „ich will, dass meine Mutter mich kennen lernt, dass sie sieht, dass ihr Verzicht Früchte getragen hat", kommt bei Suchenden (Frauen!) vor. Hier finden wir ein tiefes Verständnis für die Mutter bis hin zur Identifikation. Das Hineindenken in die Situation der Frau, die mit 18 oder 20 Jahren von ihrem Kind getrennt wurde, ist so ausgeprägt, dass negative Gefühle der Mutter und der damaligen Entscheidung gegenüber gar nicht erst aufkommen.

Ob diese – im tiefenpsychologischen Sinne – verdrängt wurden oder ob das Verstehen der damaligen Situation durch eine fürsorgliche und behutsame Information von Seiten der Adoptiveltern zustande kam, ist dabei nicht zentral.

Wenn die Adoptiveltern eine gute und tragfähige Beziehung zum Kind hatten, die Adoption voll akzeptierten und sie nicht als Ersatz ansahen und wenn sie mit dem Kind früh genug ausführlich und verständnisvoll über die leibliche Mutter gesprochen haben, besteht kein Grund zur Annahme, dass Aggressivität im Übermaß verdrängt werden musste.

Adoptierte schreiben – wie zur Rechtfertigung – immer, *warum* sie ihre leiblichen Eltern gerne kennen lernen möchten. Manche betonen ganz ausdrücklich, dass man ihnen glauben möge, sie hätten keinerlei materielle Interessen. „Ihm nur einmal gegenüberstehen und ihm in die Augen sehen", wollte ein junger Mann, der seinen Vater suchte – und er war sehr überrascht, dass mir dieses Motiv verständlich und „ausreichend" erschien, die Suche einzuleiten.

Im Folgenden zitierte ich aus Briefen von Adoptierten, die ihre Motive beschreiben:

- „Meine Mutter hat dann nach Amerika geheiratet und meine Halbschwester mitgenommen. Warum sie *mich* nicht wollten, weiß ich nicht. Ich muss es aber wissen, um Ruhe zu finden!" (Frau, 31 Jahre alt).
- „Ich habe nie eine richtige Mutter gehabt. Meine Adoptivmutter und ich, wir haben uns nie verstanden. Eigentlich hat sie mich abgelehnt. Aber ich hatte einen lieben Adoptivvater. Mit ihm habe ich viel geschmust. Ich glaube heute, dass er unter seiner Frau auch sehr gelitten hat! Ich suche jetzt meine leibliche Mutter. Meinen leiblichen Va-

ter brauche ich nicht zu suchen, weil ich einen guten Vater hatte!" (Frau, 24 Jahre alt).

- „Ich möchte meine Eltern einfach mal kennen lernen. Schließlich stamme ich von ihnen ab, und ich habe doch auch viel Erbteil von ihnen in mir. Ich möchte gerne wissen, wie ich geworden bin und wie es kam, dass meine Mutter mich nicht behalten konnte. Ich will es aus ihrem eigenen Mund hören. Ich bin ganz sicher, dass sie triftige Gründe dafür hatte – dass es ihr sehr schlecht gegangen ist. Ich möchte mit ihr über alle diese Fragen sprechen – denn irgendwie hing es bestimmt auch mit meinem Erscheinen zusammen, dass es ihr schlecht ging. Ich sehe heute noch bei Freundinnen, wie sie Probleme bekommen, wenn sie ein Kind kriegen. Auf alle Fälle will ich meiner Mutter auch danken, dass sie mich zur Welt gebracht hat. Ich lebe gerne, und das soll sie wissen!" (Frau, 26 Jahre alt).
- Eine absolute Ausnahme bildet die Aussage einer Adoptierten von Anfang Dreißig, die kurz nach diesem Ausbruch ihre Mutter tatsächlich fand und sich ihr gegenüber auch entsprechend verhielt:

„Ich hasse diese Frau. Ich hasse sie abgrundtief! Keiner Frau kann es im Leben je so schlecht gehen, dass sie ihr Kind verlässt. Eine Frau, die das tut, ist eine Verbrecherin! Und das muss ich ihr sagen!"

Nur zustimmen konnte ich einer jungen Frau, die schrieb:

- „Irgendwie finde ich es immer schrecklich blöd, wenn mich jemand fragt, warum ich meine Eltern suche. Das hat auch nichts damit zu tun, dass ich es doch so gut hatte bei meinen Adoptiveltern. Ich verstehe die Frage nie. Jeder weiß, wer seine Eltern sind und die, die es nicht wissen, sollten sich nicht dafür interessieren?

Beim Jugendamt fragte mich mal eine Neue wieder so

bescheuert. Da habe ich zurückgefragt: Wissen Sie denn, wer Ihre Eltern sind? Sie hat ganz baff geguckt und hat dann ‚Natürlich' gesagt. Da habe ich nur gesagt: ‚Na also! Und mehr will ich auch nicht!' Da hat sie nichts mehr darauf erwidert!

Wieso braucht das überhaupt eine Erklärung?"

Welcher Adoptierte sucht (noch) nicht?

Die Frage nach dem „Nicht" ist nicht zu beantworten, denn Adoptierte, die sich als Erwachsene an offizielle Stellen (oder an mich) wenden, tun das, eben weil sie suchen. Andererseits gibt es jugendliche und erwachsene Adoptierte, die *noch* keine Suchererfahrung haben, aber deutlich sagen, dass sie (noch) keinen *aktiven* Entschluss dazu fassen, sondern diese Frage für sich derzeit offen lassen wollen. Sie suchen noch nicht und wissen auch nicht, ob und wann sie damit beginnen wollen.

Von der Suche abgehalten werden sehr viele Adoptierte aus Rücksicht auf die noch lebenden Adoptiveltern (siehe dazu auch das Kapitel Adoptiveltern). Sie wollen ihnen nicht weh tun, andererseits wollen sie aber auch nicht mit den Heimlichkeiten leben. Viele haben Schuldgefühle den Adoptiveltern gegenüber, die man treffender mit „Schuldens-Gefühlen" bezeichnen könnte. Sie haben das Gefühl, „Schulden" bei den Eltern zu haben, die soviel „investiert" haben, ohne durch biologische Abstammung dazu „verpflichtet" gewesen zu sein. Nun wollen sie zu dieser Schuld nicht noch neue hinzufügen, indem sie sich als „undankbar" erweisen und die leiblichen Mütter suchen.

Warten auf den Tod

Leonie Boehmer, die „search consult" zwischen Deutschland und den USA, die jährlich zwischen 60 und 100 bilaterale Suchen durchführt, berichtet, dass die Adoptierten, die sie um Hilfe bitten, derzeit zwischen 30 und 50 (!) Jahre alt sind. Es sind noch immer die „Kinder" der späten Nachkriegszeit und der Vor-Pillen-Ära, die von Amerikanern hier in Deutschland adoptiert und mit „über den Teich" genommen wurden (oft von hier stationierten Militärangehörigen). Die Frage nach dem „Warum so spät?" beantwortet sie eindeutig: „Sie haben alle gewartet, bis beide Adoptiveltern tot waren!" Nur eine Unterteilung gibt es: Zum einen war es die „Rücksichtnahme" auf die Adoptiveltern, die man nicht verletzen wollte . . . je älter und gebrechlicher sie wurden, um so weniger. Zum anderen tauchen nach dem Tod bei der Durchsicht der Hinterlassenschaften Papiere auf, die Auskunft über die Adoption geben – entweder erstmalig mit dem entsprechenden Schock infolge der Erkenntnis – oder denen der Adoptierte (endlich) nähere Daten zu seiner Herkunft entnehmen kann, die ihm vorenthalten worden waren.

Die erlernte Angst

Aber auch die Abneigung der Adoptiveltern gegenüber der leiblichen Mutter ist Grund, nicht zu suchen. Die Abneigung teilt sich über all die Jahre der Erziehung gewollt oder ungewollt dem Kinde mit. Teilweise bekommt es sehr bewusst sehr negative Informationen über die Mutter, die den eigenen Elternstatus positiv abheben (sollen). Dieses Wissen hemmt jede Neugierde, teilweise erzeugt es auch

Angst: „Was werde ich vorfinden" und „Will ich das überhaupt?"

Dabei bedenken sie in ihrer Befangenheit nicht, dass die Wahrheit immer einfacher zu ertragen ist, als ein Leben voller Mutmaßungen und so genannter Gratisängste, Ängste, die vorausnehmen, was passieren *könnte* – und die sich nicht abbauen lassen, wenn sie nicht mit der Realität konfrontiert werden.

Angst ist ein großes Hemmnis bei der Suche nach den Eltern. Meinen Erfahrungen nach lässt sie sich in zwei Bereiche gliedern:

- Angst vor dem Unbekannten, dem, was man vorzufinden fürchtet: Eine Mutter, die unsympathisch ist, die trinkt, die in „schlechten Verhältnissen" lebt, die sich prostituiert (das ist allerdings sehr viel seltener, als Betroffene annehmen!), aber auch die Mutter, die schon verstorben ist, die man nie mehr kennen lernen wird.
- Angst vor der Zurückweisung, Angst davor, dass ein zweites Mal im Leben Nein gesagt wird, dass man wieder nicht angenommen wird, dass man also nie „ankommt", sondern endgültig abgewiesen wird!

Beide Angstkomplexe müssen ernst genommen werden. Der Adoptierte braucht unbedingt Gelegenheit, sie auszusprechen. Aber er muss auch wissen, dass beide Ängste in den meisten Fällen nicht der Wirklichkeit entsprechen! Viele „abgebende Mütter" führen 20 oder 30 Jahre nach der Freigabe ein ausgesprochen bürgerliches Leben. Sie haben geheiratet, haben Familie oder gehen einem völlig „normalen" Beruf nach. Manche Frauen haben nach der Freigabe sogar „Karriere" gemacht – nicht unbedingt, weil sie es von Anfang an so wollten, sondern weil sie sich überkompensierend nach dem Verlust des Kindes eine Aufgabe gesucht haben. Frauen, die ihr Abitur in einer Abendschule nachmachen, die studieren, die schreiben, die künstlerisch arbeiten usw. sind nicht selten! „Ich muss was aus meinem Leben machen", hat mir vor langen Jahren einmal eine abgebende Mutter in einem Interview gesagt. „Wenn mich meine Tochter eines Tages sucht – und ich wünsche es mir sehr –, dann will ich ihr sagen können: Das ist aus mir geworden. Wenn ich dich schon abgeben musste, so soll dieser Schritt wenigstens noch ein positives Ergebnis gehabt haben!"

Adoptiveltern sind oft *sehr* erstaunt, wenn ich über diesen Aspekt spreche. Sie sind verblüfft, dass die Mütter ihrer Kinder den gleichen beruflichen Status wie sie selber erreicht haben und damit ihrer sozialen Schicht angehören.

Dieses Unwissen basiert meiner Erfahrung nach zu einem auf mangelnder Information durch die Vermittlungsstellen, zum anderen aber auf einer sehr pauschalen Statistik, die rund 50 % der Mütter als „ohne Beruf" ausweist. Das bedeutet aber durchaus nicht immer, dass die Mütter keine Ausbildung haben und als ungelernte Hilfskräfte ihr Leben gestalten, sondern beispielsweise auch, dass sie noch Schülerinnen oder Studentinnen waren zum Zeitpunkt der Freigabe. Dass sie anschließend noch etwas „aus ihrem Leben machen", dass sie qualifizierte Berufe ergreifen oder sogar noch studieren, wird nicht bedacht – und ich frage mich in solchen Diskussionen auch oft, ob das überhaupt jemand wissen will. (Mit diesen Informationen wird nämlich auch das Trugbild beseitigt, das die Adoption ausschließlich als individuelle Wohltätigkeit zeichnet! „Deine Mutter, das arme Wesen", lässt sich dann nicht länger aufrechterhalten und das Gefühl, Gutes getan, einem Menschen „die Hand fürs Leben gereicht", ihn „gerettet" zu haben, wird ebenso relativiert!)

Die Angst, nicht „angenommen“, ein weiteres Mal „verstoßen“ zu werden, ist zwar berechtigt, trifft in den meisten Fällen aber ebenso wenig zu wie die Vorstellung von der heruntergekommenen Mutter. Ich habe von einigen Fällen gehört, in dem die Mutter einen Kontakt für alle Zeit ablehnte, mir selbst ist so etwas jedoch nie begegnet. Die *meisten* Mütter wollen suchen – oder sich nur allzu gern finden lassen!

Es ist allerdings möglich, dass „der Funken nicht überspringt“, man voneinander enttäuscht ist, weil man ganz andere Vorstellungen, Phantasien und Wünsche hatte. Es kann auch sein, dass die Mutter die ihr zugewiesene Über-Mutter-Rolle nicht spielen kann oder will! Eine zu *große* Liebe wird von Adoptierten nicht herbeigefürchtet – vermutlich können sie sich nicht vorstellen, wie problematisch es sein kann, wenn 20 Jahre des fehlenden Miteinanders nachgeholt werden sollen.

Aber beide letztgenannten Schwierigkeiten *können* mit Hilfe Außenstehender – Professioneller oder Selbsthilfe-organisierter – beeinflusst werden! Sie brauchen kein Anlass zu sein, sich nicht auf die Suche zu begeben.

Auf alle Fälle – und gegen alle Angst! – steht fest: „Mit der Wirklichkeit wird man fertig. Es ist die Scheinrealität, die man nicht bewältigt!“ (René Regenass).

Angst sollte kein Grund sein, den Wunsch nach der Vervollständigung der eigenen Biographie zu unterdrücken oder in weite Ferne aufzuschieben.

In zwei „Fällen“ meiner eigenen Suche-Tätigkeit habe ich erlebt, dass Mutter bzw. Vater in ausgesprochen „asozialen“ Verhältnissen lebten, als sie von ihren Kindern aufgespürt wurden.

- In einem Falle hatte ein 45-jähriger Adoptierter nach dem Tode seines sehr wohlhabenden Adoptivvaters (die Mutter war schon länger tot) den leiblichen Vater gesucht. Über diesen wollte er ursprünglich die Mutter finden, die die Familie seinerzeit unter Zurücklassung der Kinder verlassen hatte. Sein Vater war nicht schwer zu finden: Er lebte noch immer in der gleichen Kleinstadt. Er war Mitte 70, völlig verwahrlost, schwerer Alkoholiker . . . und nahm offenbar nur sehr undeutlich wahr, um was für einen Besuch es sich handelte. Als er dann sagte: „In guten Verhältnissen bist du ja wohl gelandet!" war für den Sohn klar: Diese Beziehung wollte er nicht vertiefen bzw. wiederaufleben lassen. Er wollte diesen Vater nicht und er wollte – wie er deutlich sagte – nicht teilen! Die Fragen nach der Mutter stellte er erst gar nicht – er vermutete, dass sein Vater diese ohnehin nicht mehr hätte beantworten können.

„Die Sache ist für mich abgeschlossen", sagte er nach seiner Rückkehr. „Ich wusste immer, dass ich es bei meinen Adoptiveltern gut hatte. Das hat sich jetzt noch einmal bestätigt."

- Im zweiten „Fall" handelte es sich um eine 19-jährige Schülerin, die von ihren Adoptiveltern zum 18. Geburtstag ihre Adoptionspapiere erhalten hatte. Sie wollte sich sofort auf die Suche machen. Ihre Eltern unterstützten sie dabei insofern, als dass sie den Kontakt zu der Sozialarbeiterin herstellten, die seinerzeit die Adoption vermittelt hatte. Diese telefonierte herum – und riet ab. Einen Grund nannte sie nicht.

Die Adoptierte drängte mehrfach und bekam schließlich die Auskunft: „Deine Mutter lebt in entsetzlichen Verhältnissen. Das wollen wir dir nicht zumuten."

Erst als die junge Frau massiv wurde und andeutete, sie würde die Mutter auch ohne Hilfe von außen suchen und finden, gab die Sozialarbeiterin nach. Über eine Kollegin, die die Mutter seit Jahren betreute, wurde ein erstes Treffen vereinbart: im Obdachlosenmilieu.

Die Mutter hatte sofort zugestimmt. Die Tochter – sehr behütet und wohlhabend aufgewachsen – war zunächst schockiert, weil ihr nicht bekannt war, dass es diese Zustände im reichen Deutschland überhaupt gab. Von sich aus, mit Duldung der Adoptiveltern und zur Freude der Mutter baute sie schnell und zielstrebig eine enge Beziehung zur Mutter auf. Deren Schicksal berührte sie zutiefst – zumal sie hörte, dass ihre Geburt der Mit-Auslöser zum Abgleiten in Alkohol, Verwahrlosung und Obdachlosigkeit war. Die Mutter war 17 Jahre alt, als sie die Tochter gebar. Sie wurde ihr „der Schande wegen" fortgenommen. Als sie über diesem Verlust und den mangelnden Hilfen danach verzweifelte, wurde sie in ein Landeskrankenhaus eingewiesen, mit Medikamenten vollgestopft und als Wrack entlassen. Danach bekam sie nie wieder „Boden unter den Füßen".

Die Tochter fühlte sich nicht schuldig, aber verantwortlich (was mit Sicherheit auf eine gute Sozialerziehung der Adoptiveltern schließen lässt). Sie kümmerte sich um die Mutter, feierte mit ihr ihr erstes gemeinsames Weihnachten (im Obdach) und wandte sich ihr zu. Nach einem Jahr nahm sie ihren Geburtsnamen (also auch den Familiennamen der Mutter) wieder an, um ihr ihre Solidarität zu zeigen. Die Adoptiveltern blieben passiv, stellten sich aber nicht in den Weg (juristisch blieb ihnen nichts anderes übrig – aber menschlich zeigten sie Verständnis und verloren die Tochter auf diese Weise auch nicht!).

Die Tochter betonte später mir gegenüber, dass alle Unsicherheit im Vorfeld der Suche viel schlimmer gewesen sei als das, was sie dann vorfand! Sie sprach das aus, was viele Adoptierte sagen und schreiben: Keine Wahrheit kann so schlimm sein wie das Angewiesensein auf Vermutungen, das Nicht-Wissen, das Nur-Ahnen und das ständige Sich-Fürchten vor dem, was man nicht wissen darf.

Finden unmöglich

Eine Gruppe Adoptierter sucht mit Sicherheit *nicht:* Es sind Menschen, die aus anderen Ländern, aus Kriegs- und Krisengebieten zwecks Adoption nach Deutschland geholt wurden: Auslandsadoption! Sie wissen, dass sie nicht zu suchen brauchen, denn sie würden niemanden finden. Kinder aus Südamerika, Südostasien, seltener Afrika, in den Jahren nach den Grenzöffnungen zum Osten hin gehäuft aus den Ländern des ehemaligen Ostblocks, haben äußerst geringe bis gar keine Chancen, je ihre Eltern kennen zu lernen.

Teilweise wurden sie aus Kriegswirren gerettet, teilweise handelt es sich um tatsächliche Findelkinder, die irgendwo ausgesetzt oder in Krankenhäusern gleich nach ihrer Geburt hinterlassen wurden. Wann es sich dabei um Tatsachen handelt und wann um die geschönten Angaben, die offiziellen Versionen, hinter denen sich ein reger internationaler Kinderhandel verbirgt, ist für Außenstehende und den Betreffenden selber zwei Jahrzehnte später nicht mehr auszumachen. Fest steht nur: Eltern gibt es nicht. Richtiger: Eltern wurden nicht ermittelt, sie wurden auf Dokumenten nicht festgehalten ... und diejenigen, die es „gab", sind rechtlos, sprachlos und unwissend. Sollten sie die Möglichkeit haben, ihre Kinder zu suchen, würden sie es wahrscheinlich tun. Dazu muss man aber seine Rechte kennen, lesen und schreiben und sich notfalls gegen eine mafiöse Struktur mit einer hohen Gewinnrate zur Wehr setzen können.

Die internationale Gesetzgebung (Haager Abkommen und UN-Kinderrechtskonvention) hat für Auslandsadoptionen Standards festgeschrieben, die einzuhalten sind. Voraussetzung ist, dass diese Gesetze von allen beteiligten Staaten anerkannt und dann auch von Fall zu Fall durchgesetzt würden.

Wenn es nichts zu finden gibt, braucht der Betroffene gar nicht erst mit der Suche zu beginnen. Dennoch: Er hat die gleichen Bedürfnisse, so viel wie möglich über seine Herkunft zu erfahren, zu wissen, woher er stammt, wo seine Wurzeln liegen – wer er ist.

Diesem Bedürfnis trägt in den letzten Jahren eine Organisation Rechnung, die in den 70er Jahren mehrere tausend Kinder aus der Dritten Welt und aus Kriegsgebieten zu deutschen Adoptiveltern vermittelt hat: terre des hommes. Über diese Aktivitäten berichtet das Kapitel „Adoptionen weltweit".

Aber auch innerdeutsche Adoptionen wurden durch manche Vermittlungsstellen so schlampig abgewickelt, dass die Adoptierten im Alter, in dem sie suchen wollen, so gut wie nichts vorfinden. „Deine Mutter war 16, als du geboren wurdest. Wer dein Vater ist, wissen wir nicht. Er war Schwarzer" (was die Adoptierte sieht, wenn sie in den Spiegel schaut) ist in manchen Fällen alles, was in den Akten festgehalten wurde.

Adoptionsvermittlung mit dem Herzen und eine Aktenführung, die so gut wie nichts her gibt, ist für manche Adoptierten der Schlusspunkt der Suche, wenn sie die Vermittlungsstelle um Hilfe bitten. So ist es in manchen Fällen tatsächlich eine Frage des Glücks oder des Zufalls, wenn nach 25 Jahren gerade noch die „alte" Sozialarbeiterin in der Dienststelle anzutreffen ist, die einst die Adoption vermittelt hat. Sie trägt das Wissen sozusagen in sich – und nimmt es mit, wenn sie geht oder stirbt.

Die halbwegs problemlose Suche des Adoptierten nach seiner biologischen Herkunft beginnt bei der Vermittlung: bei den Erkundungen über die Familie der Kindesmutter, des Kindesvaters (er ist sehr viel häufiger bekannt, als die Vermittlungsstellen zugestehen oder in ihren Akten vermerkt haben!), den beiden leiblichen Elternteilen . . . und dem Grad der Offenheit der Adoption, die auch später noch ermöglicht, Erkundigungen einzuholen, die in der Zeit der Vermittlung versäumt worden waren.

Trotz dieses Wissens und trotz der Erfahrungen, die wir in Deutschland – und in anderen Ländern – mit Adoptierten und ihrer (manchmal erfolglosen) Suche haben, schicken sich Kommunal- und Bundespolitiker, Bischöfe und Gynäkologen, Hebammen und selbsternannte Kindesretter an, Findelkinder ohne Aussicht auf Kenntnis über ihre Abstammung zu produzieren. Unter dem Motto „Kinder vor dem Sterben auf dem Müll zu retten" und „Frauen nicht allein zu lassen" werden Dritt-Welt-Verhältnisse geschaffen, die in diesen Ländern durch internationale Standards gerade beseitigt werden sollen. (Vgl. dazu Kapitel „Babyklappen . . .")

Fortgabe ohne Verzeihung?

Übereinstimmung zwischen den Behörden und Organisationen herrscht auch zum Thema Geschlechterverteilung. Im Durchschnitt aller Erfahrungen sind 80–90 % aller Suchenden weiblichen Geschlechts.

Erklärungen, warum so wenig Männer sich auf die Suche begeben, gibt es viele – alle aber müssen Spekulation bleiben. Adoptionsbehörden und Suche-Profis haben es 18–30 Jahre nach Abschluss der Adoption in der Regeln nur noch mit Adoptierten zu tun, die sich eben wegen der Suche nach den Eltern an sie wenden. Diese können nach ihren Motiven gefragt werden, wenn sie sie nicht ohnehin von selber nennen. Wer nicht kommt, weil er nicht sucht, kann nicht befragt werden, warum er es nicht tut. (Es besteht noch die Möglichkeit anzunehmen, dass Männer sich ohne professionelle Hilfe auf den Weg machen . . . weil sie Hilfe verabscheuen, über mehr Kommunikationswissen verfügen, niemanden in ihr Inneres schauen lassen wollen . . . aber auch das muss Spekulation bleiben!)

Männer seien eben weniger emotional ist eine (unbelegte) Begründung. Sie blickten eher nach vorne als zurück, eine andere. Leonie Boehmer – seit Jahrzehnten erfahren in der Suche – hat eine andere Erklärung: Männer seien sehr viel stärker gekränkt über die Tatsache, dass sie einst „fortgegeben“ wurden als Frauen es sind. Sie „verzeihen“ diesen Schritt nicht. Sie wollen mit einer Frau, die „so etwas“ tut, Zeit ihres Lebens nichts mehr zu tun haben.

Muttersuche

Zwei Mütter

Erschreckend viele Adoptierte berichten von ihren Adoptivmüttern als kalte, herrische und dominierende Frauen. Die dazugehörigen Väter werden als liebevoll, weich, zärtlich, unter dem Pantoffel stehend, sich zuwendend geschildert. Selbst wenn ich die betreffenden Mütter persönlich kennen lernte, reichte die Zeit meist nicht aus, dass ich mir dazu hätte ein Urteil bilden können.

Es gibt eine Reihe Erklärungen für diese Tatsache, die eventuell auch miteinander zu tun haben, sich untereinander bedingen können.

Möglich ist, dass Adoptierte den Begriff „Mutter" mit übermäßig viel Wärme, Liebe, Zärtlichkeit, mit einer unaufhörlichen Hingabebereitschaft assoziieren (oder sich solche Mütter wünschten?) – Eigenschaften, die keine auch noch so gute Mutter unentwegt an den Tag zu legen in der Lage ist. Sie muss als wirklich gute Mutter auch „nein" sagen können, verbieten, zum Verzicht auffordern, sie wird auch schimpfen (weil auch eine gute Mutter nur ein Mensch ist!), sie wird versagen und oft auch verzagen. Sie wird ungerecht sein und ab und zu die ganze Sippe zum Teufel wünschen.

Es gibt keine Untersuchungen, aus denen hervorgeht, welche Erwartungen Kinder an eine „gute Mutter" haben und welche Erziehungsmaßnahmen oder Abgrenzungen der Mutter sie als Härte, Egoismus oder Kälte bezeichnen würden. Insofern kann die Behauptung der „harten Mutter" auch nur als Tatsache, als *erlebter* Hintergrund stehen bleiben.

Vielleicht suchen Adoptierte aber vor allem dann nach ihrer leiblichen Mutter, nach *der* Mutter, wenn sie von einer kalten, harten Frau aufgezogen wurden – mehr auf der Suche nach der Mütterlichkeit als nach der eigentlichen biologischen Mutterfigur?

Möglicherweise sind manche Adoptivmütter aber auch kälter, härter und frustrierender, weil sie selber frustriert sind in ihrer biologischen Kinderlosigkeit. Der Adoption sind in den meisten Fällen lange Jahre des Wartens, vielfältige Untersuchungen, medizinische Behandlungen sowie Ehekrisen und schmerzliche Auseinandersetzungen vorausgegangen. Die hochnotpeinliche Überprüfung durch die Vermittlungsstellen reißen alte Wunden immer erneut auf, und wenn dann das Adoptivkind kommt, erweist es sich selten als der Erlöser aus den Schmerzen der Kinderlosigkeit.

Diese bleibt nämlich erhalten – mit der Adoption wurde nur das Symptom kuriert, nicht jedoch die Ursache. Je nach Reflektions- und Verarbeitungsmöglichkeit kann die Anwesenheit des Adoptivkindes sogar ins Gegenteil ausschlagen. Es ist nicht das Gefühl „endlich ein Kind", sondern es ist die ständige Erinnerung daran, dass es ja „eigentlich" lieber ein leibliches Kind hätte sein sollen, eine Erinnerung an eigene Unfähigkeit oder an die Unfruchtbarkeit der Ehe.

Eine weitere Erklärung findet sich in den Aussagen der Psychosomatik, die sich bei diesem Thema auf die Psychoanalyse bezieht. Ich zitiere eine Psychoanalytikerin, die ein sehr humorvolles Buch als „Handbuch für Kinder mit schwierigen Eltern" geschrieben hat. Ihre Schilderungen der unfruchtbaren Eltern findet Parallelen in vielen wissenschaftlichen Schriften zur ungewollten Kinderlosigkeit.

„Adoptierte Eltern sind immer ein Problem, denn sie haben in einer traumatischen Situation gelebt oder befinden sich noch darin.

Manche Eltern werden unbewohnbar, oder ihre Möglichkeiten der Empfängnis sind in hohem Maße gefährdet. Ein Unfall oder eine Krankheit können ebensogut die Ursache sein wie ein Nicht-Wollen, das dermaßen maskiert ist, dass sie selber außerstande sind, es zu identifizieren. Diese Unbewohnbarkeit verursacht ihnen oft ein sehr schmerzhaftes Gefühl von Minderwertigkeit und Verlassenheit. Manche von ihnen reagieren darauf mit dem Wunsch, sich adoptieren zu lassen . . .

Manche adoptierten Eltern fühlen sich in dieser Situation dermaßen schuldig und herabgesetzt, dass sie dazu übergehen, die Realität zu verleugnen. Sie handeln und reden, als ob sie nicht wüssten, dass sie adoptiert worden sind. Gewiss, im Grunde ihres Herzens können sie die Tatsache nicht verleugnen. Die Erinnerung an all die Schritte, die sie unternommen haben, um sich adoptieren zu lassen, sie lässt sich nicht vollständig verdrängen. Es obliegt also dem Kind, sie ganz langsam dahin zu führen, dass sie ihre Erinnerungen wiederfinden . . .

Trotz aller Vorsichtsmaßnahmen zum Zeitpunkt der Adoption und trotz aller therapeutischen Anstrengungen kommt es vor, dass adoptierte Väter und Mütter sich als unheilbar erweisen. Sie empfinden eine solche Unfähigkeit, sich in die ihnen angebotene Familie zu integrieren, dass sie sich nicht entspannen, sondern statt dessen zunehmend den Kopf verlieren. Sie werden anspruchsvoll und überkritisch gegenüber dem Kind; denn sie versuchen sich selbst zu entschuldigen, indem sie ihre Selbstvorwürfe auf das Kind projizieren. Ihr untergründiges Nicht-Wollen gewinnt die Oberhand, und ihr Haus wird Schritt für Schritt genauso ungastlich wie ihr Körper." (Van den Brouck 1981, S. 37f.)

In der kritischen Adoptionsvermittlungspraxis werden diese Inhalte schon lange zusammengefasst in Aussagen wie: „Die Natur hat es schon so eingerichtet, dass manche Frauen keine Kinder bekommen können. Man sollte ihr nicht ins Handwerk pfuschen!"

An die unter diesen Umständen gesuchte *leibliche* Mutter werden nicht selten entsprechend hohe Anforderungen gestellt. Im Gegensatz (!) zur kühlen Adoptivmutter soll sie herzlich, warm, zugewandt, zärtlich, liebevoll und stets aufmerksam sein – eben *die* Mutter schlechthin!

Gleichzeitig haben viele Adoptierte neben diesen unermesslich hohen Erwartungen aber auch Angst davor, dass sie nicht so sein könnte. Für den Extremfall wird befürchtet, dass sie sogar so abweisend ist, dass sie ein Kennenlernen ablehnt oder es über das erste Treffen zu keinem weiteren kommen lassen will. Diese Angst hat viele Wurzeln. Sie ist das Ergebnis der (unbewussten?) Übererwartung an eine Übermutter, die es so nicht geben kann. Das Bewusstsein „weiß" das sehr wohl, das Unbewusste wünscht sich diese Übermutter in seiner Not aber herbei.

Ein weiterer Grund ist die Erfahrung, einmal fortgegeben worden zu sein. Auch wenn der Adoptierte die Freigabegründe kennt, ist er dennoch oft der Überzeugung, dass eine Mutter, die ihr Kind wirklich liebt, dieses nie und unter keinen Umständen fortgebe. Da sie aber diesen Schritt getan hat, *kann* sie keine gute Mutter sein, *kann* nicht wirklich warmherzig und mütterlich-liebevoll sein, *kann* unmöglich die Forderungen nach Muttersein erfüllen.

Diese ambivalenten Gefühle führen in der Auseinandersetzung mit der Frage, ob die Mutter gesucht werden soll oder nicht, zu geradezu unerträglichen Spannungen beim Adoptierten – und nicht selten bei einem der ersten Zusammentreffen zu aggressiven Szenen, die von der „gefundenen" Mutter nicht richtig gedeutet werden *können*, wenn sie darauf nicht vorbereitet ist/wurde.

Besonders problematisch wird diese Konstellation, wenn auch die Mutter die Adoptionsfreigabe nie verwunden hat, wenn sie 15, 20, 30 Jahre lang in Hoffnung lebte auf ein Wiedersehen, das ihr Entlastung erteilt, ihre Sehnsucht stillt, ihre Schuldgefühle mindert, ihre Verlassenheitsängste aufhebt.

Auch wenn die Adoption von außen noch so erzwungen war, hat jede abgebende Mutter große Schuldgefühle. Sie sind gepaart mit der Angst vor der Verurteilung. Diese Angst ist nicht unbegründet: Wagen Frauen je über die Freigabeentscheidung zu sprechen, erleben sie mit wenigen Ausnahmen massive Ablehnungen und Verurteilungen. „Rabenmutter" ist noch der mildeste Ausdruck. Sie seien nicht nur keine Mutter, sondern nicht einmal eine richtige Frau, so was wie sie dürfte nie ein Kind gehabt haben und sie solle nie wieder eines bekommen. Das ist dann bei rund 15 Prozent von ihnen auch tragischerweise der Fall. Sie „wissen", dass sie an einem bestimmten Punkt im Leben „versagt" haben. Sie „wissen", dass sie dafür bestraft werden müssten und sie fürchten über Jahrzehnte diese Strafe von ihrem Kind, das eines Tages mit ihnen abrechnen wird.

Gleichzeitig *hoffen* sie das Gegenteil. Sie hoffen auf Verzeihung, sie hoffen, dass sie alles in Ruhe erklären dürfen und verstanden werden. Sie hoffen, ihr Kind (!) wieder zu bekommen – und diese Hoffnungen sind es, die bei den Müttern eine geradezu tragische Trennung zwischen Verstand und Gefühl zeigen.

Sie wissen: „Mein Sohn ist jetzt 21 Jahre alt", aber in ihrer Erinnerung, die das ganze Fühlen bestimmt, ist er sechs Wochen alt, und sie halten ihn im Arm. An *diesem* Punkt – am Zeitpunkt der Fortgabe oder Fortnahme, des Verlustes – will das *Gefühl* wieder anknüpfen – auch wenn der Verstand sagt: Er wird 1,80 m groß sein und so aussehen wie sein Vater damals mit 21.

Das erste Wiedersehen ist für die abgebenden Mütter unter diesem Aspekt häufig ein regelrechter Schock. Sie stehen ihrem Kind gegenüber, das sie rund und rosig und niedlich in hellblau gekleidet in Erinnerung haben, von dem nur Bilder aus diesem Alter für sie existieren . . . und da steht ein Mann vor ihnen (oder eine Frau): groß, stark, sportlich, vielleicht selber schon mit Kind, mit tiefer Stimme . . . und alles andere als das Baby, nach dem sie sich nach der Trennung gesehnt haben!

Dieses einschneidende Erlebnis, das die Beziehung zwischen Mutter und erwachsenem Kind über die nächsten Jahre hin prägen kann, *muss* besprochen, vorbereitet und lange nachbereitet werden. Herz und Hirn brauchen nach meinen Erfahrungen mit abgebenden Müttern, die ihre Kinder wiedergefunden haben, sehr lange Zeit – oft Jahre! – bis es zu einer Übereinstimmung von Gefühl, Wunsch, Erfahrung und Realität kommt.

Zwei Mütter und doch keine

● Sybille war 14, als sie es zu Hause nicht mehr aushielt. Ihr Unbehagen war wesentlich stärker als das, das Pubertierende schlechthin in diesem Alter haben, wenn sie an Eltern und Elternhaus denken. „Bei uns stimmte etwas in der Familie nicht. Ich wusste nie, was es war, aber ich wusste immer, dass es mit mir zusammenhing", schrieb sie mir, als sie 16 Jahre alt war.

Sie lief fort und wurde von der Polizei zurückgebracht. Sie lief erneut fort und beging einen Selbstmordversuch. Die Eltern vertuschten ihn. Erst beim zweiten Selbstmordversuch wurde sie stationär in die Kinder- und Jugendpsychiatrie aufgenommen. Dort tat ein junger Arzt das, was die Eltern nicht geschafft hatten: Er klärte Sybille darüber auf, dass sie adoptiert war. „Nur adoptiert", sagte sie immer! Als sie aus dem Krankenhaus zurückkam, war alles anders. Die Adoptivmutter hatte wieder begonnen zu arbeiten, hatte keine Zeit mehr für die Tochter, hatte den Graben, der zwischen ihnen lag, noch verbreitert.

Daraufhin beschloss Sybille, sich eine andere Mutter zu suchen: ihre leibliche. Sie ging sehr gezielt vor, fragte sich beim früheren Hauswirt klug, erfuhr eine alte Arbeitsadresse der Mutter, dort die nächste und zu guter Letzt die aktuelle. Sybille war geschockt – ihre Mutter war „nur" Serviererin. Sybille beobachtete sie einige Zeit – und gab sich dann eines Tages zu erkennen. Was sie erwartet hatte, war klar: die Mutter schlechthin! Sie wollte das, was sie nie hatte: Zärtlichkeit, Zuwendung, Wärme. Sie wollte nachholen. Dazu war diese verhärmte, abgearbeitete Frau, Mutter von insgesamt sechs Kindern, aber nicht mehr in der Lage. Sie versorgte sich und einen Teil der Kinder durch Schichtarbeit in einer Gaststätte, manchmal ging sie noch zusätzlich putzen, weil das Geld nicht reichte.

Sie freute sich über das Erscheinen der Tochter, sie machte mit ihr Treffen aus. Es kam zu langen Unterhaltungen. Die Mutter litt darunter, dass die Tochter „es nicht so gut angetroffen" hatte. Sie zweigte von ihrem kargen Verdienst für die Tochter ein Zusatz-Taschengeld ab. Sie bemühte sich – aber sie war nicht die herzliche, warme, knuddelige Mutter, die Sybille sich herbeisehnte.

Das war die erste große Enttäuschung. Die zweite kam, als die Mutter sie in ihren Freundes- und Bekanntenkreis mitnahm. Sybille wurde zuvor instruiert: Sie dürfe nichts von der Adoption sagen. Sie solle so tun, als sei sie eine junge Kollegin aus der Gaststätte. Niemand wisse von der Freigabe, auch ihre weiteren Kinder nicht!

Für Sybille brach alles zusammen. Sie war zutiefst enttäuscht. Sie überlegte erneut einen Selbstmord(versuch), sie war plötzlich aus allen Illusionen gerissen worden. Kurze Zeit zuvor hatte sie eine ähnliche Situation mit ihrer Adoptivmutter erlebt, die sie in die neue Firma mitnahm. Sie stellte die Adoptivtochter dort als „meine Nichte" vor – und begründete der Tochter gegenüber diese Lüge mit dem Alter: Die Kollegen sollten nicht wissen, dass sie schon eine so alte Tochter habe! Hätte sie die Wahrheit gesagt – es ist meine Adoptivtochter –, dann hätte sie zumindest die Lebensalterslüge aufrechterhalten können. So musste sie doppelt lügen.

Sybille hatte diesem Ereignis nicht so viel Wert beigemessen damals. Es kam ihr erst wieder in den Sinn, als die leibliche Mutter ebenfalls die Mutterschaft verleugnete. Ihr Fazit: „Da habe ich nun zwei Mütter und dabei habe ich keine!"

Vatersuche

„Bin ich nun undankbar oder nicht?
Jetzt habe ich meine leibliche Mutter
vor gut einem Jahr gefunden.
Und seither plagt mich die Frage,
wer denn wohl mein leiblicher Vater sei.
Laut Akten habe ich keine Chance,
je mehr über seine Existenz zu erfahren.
Darunter leide ich ziemlich.
Auch dieses Geheimnis muss doch
irgendwie zu lüften sein.
Solange ich nicht alles weiß,
werde ich weiter irrend durch die Welt wandern –
es wird für mich kein ruhiges Bestehen geben."
(Marisa Mastel)

Die Rolle der Väter bei der Suche

In all den Jahren meiner Arbeit mit Adoptierten und abgebenden Müttern habe ich nur in einem Fall erlebt, dass ein Vater seine inzwischen erwachsenen Kinder suchte. Es handelte sich um eheliche Kinder, die dem Ehepaar fortgenommen worden waren. Sie hatten nie erfahren, wohin die Kinder gekommen waren, sie wussten nur, dass das Jugendamt sie aus einer den Eltern bekannten Pflegestelle in eine weit entfernte Stadt zur Adoption vermittelt hatte. Die Eltern hatten sich bald darauf getrennt, die Mutter war mit unbekanntem Ziel fortgezogen, der Vater hatte sich wieder verheiratet. Er wartete, bis das jüngere Kind volljährig war und wandte sich dann an das Jugendamt, das vermittelt hatte. Dieses schrieb an den Vermittlungspartner in der anderen Stadt – einen Verband der Freien Wohlfahrtspflege. Die Sozialarbeiterin dieser Institution schrieb die Adoptiveltern an und diese wandten sich ratsuchend an mich. Sie baten mich zu vermitteln. Die Beziehung zu den Adoptivkindern war zu diesem Zeitpunkt schon denkbar schlecht – dennoch tat es der Adoptivmutter weh, den Kindern von dem plötzlich auftauchenden Vater zu erzählen.

Die Kinder verhielten sich auf meine Mitteilung hin sehr unterschiedlich: Eines wollte sofort anrufen (tat es einen Tag später auch), das andere wollte abwarten, „vielleicht später mal" und versuchte, das Geschwister unter Druck zu setzen: „Entweder wir beide zusammen oder keiner." Die Kontaktaufnahme verlief sehr positiv. Nacheinander besuchten die beiden Kinder ihren Vater, der sie sehr freundlich aufnahm. Auch seine neue Ehefrau war über die gelungene Suche zufrieden. Knapp zwei Jahre nach der erfolgreich verlaufenden Suche des Vaters bestand loser Kontakt zwischen Kindern und der väterlichen Familie mit gelegentlichen Telefonaten und Besuchen beim Vater.

Auch hier: der unsichtbare Vater

Wieso Väter so selten nach ihren Kindern suchen, liegt vermutlich in ihrer generellen Einstellung ihren Kindern gegenüber. Dazu muss man wissen, dass die meisten Adoptierten nie zur Adoption freigegeben worden wären, wenn der Vater sich von vornherein zur schwangeren Frau und zum werdenden Kind bekannt hätte. Das eindeutigste Motiv zur Adoptionsfreigabe liegt für die abgebende Mutter in der Verlassenheit. Oft von den Eltern beschimpft, hinausgeworfen oder ohnehin schon stark entfremdet, wird sie vom werdenden Vater unter Druck gesetzt, das Kind entweder abtreiben zu lassen oder fortzugeben. Oder aber er entschwindet „einfach", wenn er von der Schwangerschaft erfährt. „So" habe er sich die Beziehung nicht vorgestellt – heiraten wolle/könne er nicht (rund ein Fünftel aller nichtehelich geborenen Kinder werden von anderweitig verheirateten Männern gezeugt!) – ein Kind belaste ihn zu sehr – für ein Kind fühle er sich nicht reif – ein Kind könne er sich finanziell nicht leisten . . .

So sind – mit sehr wenigen Ausnahmen – die Kindesväter nur allzu gerne mit einer Adoptionsfreigabe einverstanden: Vom Moment der Inpflegegabe, spätestens der vollzogenen Adoption an, brauchen sie keine Alimente mehr zu zahlen. Und das sind – berechnet bis zum 18. Lebensjahr des Kindes – durchschnittlich 120 000,- DM, bei längerer Ausbildung entsprechend mehr.

Hat nie an Kindesmutter *und* Kind ein Interesse bestanden, gab es keine innere Beziehung zu dem Kind, dann entsteht sie auch nicht plötzlich, wenn das Kind volljährig ist. Für die meisten Väter ist das Kind eine Episode in ihrem Leben, und es ist anzuzweifeln, ob sich manche überhaupt mit 50 oder 60 Jahren noch daran erinnern, irgendwann vor 15 oder 20 oder 30 Jahren eine Frau geschwängert zu haben, die mit den Folgen dann „irgendwie" fertig geworden ist. Müssten sie 20 Jahre lang Unterhalt zahlen, wäre ihnen das Kind durchaus präsent.

Wenn Väter bei der gesamten Thematik Suchen und Finden auftauchen, dann fast immer als *Gefundener.* Aber auch dann spielen sie nur eine Randrolle. Sie übernehmen oft auch dann noch keine Verantwortung für ihre Vergangenheit oder sie demonstrieren deutliches Desinteresse.

Adoptierte sind zunächst oft völlig desillusioniert, auch enttäuscht, d. h. sie hatten sich vorher ge-täuscht in ihrem Vater, wobei oft verblüffend ist, welche Erwartungen 25 Jahre später an einen Mann gestellt werden, der sich bereits bei Schwangerschaft oder unmittelbar nach der Geburt abgesetzt hat. Viele Adoptierte scheinen dem deutlichen Zeichen nicht zu trauen. Sie können nicht fassen, dass *ihr* Vater irgendwann einmal „nein danke" gesagt hat und der Fall für ihn damit erledigt war. Sie haben irreale, dubiose Erklärungen für sein Verhalten parat, mit denen sie über Jahre gut leben konnten. Stehen sie dann vor dem *immer* noch desinteressierten oder deutlich ablehnenden Vater, müssen sich erst die Realitäten wieder zurechtrücken, die Bilder der Illusion gelöscht werden.

So sucht eine junge Frau aus der Bundesrepublik lange und mühevoll nach ihrem Vater in den USA. Ihre leibliche Mutter hat sie bereits in Deutschland gefunden, die ihr jedoch keine Hilfe bei der Suche nach dem Vater war, sondern diese sogar zu verhindern suchte. Nach vielen Bemühungen in Behörden und über die Öffentlichkeit erhält Frau S. aus den USA die Adresse ihres Vaters.

• „Noch in der gleichen Woche schreibe ich meinem Vater einen ersten Brief und lege Fotos bei. Als nach mehreren Wochen keine Antwort kommt, verfasse ich einen langen Lebenslauf und schicke ihm diesen. Aber wieder passiert nichts. Ich bin der Verzweiflung nahe ... Ich will meinen Vater kennen lernen. Ich kann zu einer Selbsthilfegruppe in Amerika Kontakt aufnehmen ... und tatsächlich geschieht das große Wunder: Eine Frau antwortet mir, dass sie es geschafft hat, mit meiner Familie Kontakt aufzunehmen. Mein Vater hat meine Post erhalten, das Problem, mit mir in Kontakt zu treten, liegt jedoch bei seiner Frau, die sich mit dem Gedanken nicht anfreunden kann, dass es da eine Tochter in Deutschland gibt."

Einem gestandenen Mann von Anfang 60 dürfte es eigentlich nicht schwer fallen, seine inzwischen ohnehin aufgeklärte Frau davon zu überzeugen, dass er das tut, was er für richtig befindet: nämlich den Kontaktwunsch seiner Tochter zu erwidern. Vermutlich ist das Interesse bei ihm nicht besonders groß, möglicherweise befürchtet er auch irgendwelche Probleme oder sogar Forderungen. Auf alle Fälle hält er sich bedeckt. Frau S. erhofft nach dieser Information, Kontakte zu ihren Halbbrüdern aufzunehmen.

Viele Adoptierte sehen aber auch noch in der Absage und Ablehnung durch den Vater etwas Positives im Sinne der Vervollständigung ihrer Informationen und Kenntnisse:

- „Ich habe ihn kennen gelernt und weiß jetzt wenigstens Bescheid!"
- „Er hat mir erzählt, wie es damals wirklich war. Also *seine* Sicht hat er mir erzählt. Meine Mutter habe ihn nicht heiraten wollen, obwohl er so gerne wollte. Meine Mutter hat es mir gerade umgekehrt erzählt. Wie es wirklich war, werde ich wohl nie erfahren."
- „Es war gut, ihm gegenüber zu stehen. Ich war sehr enttäuscht von ihm, von seiner ganzen Haltung mir gegenüber. Aber mit dieser Enttäuschung kann ich besser umgehen als mit der Unsicherheit. Und auch mit der ständigen Hoffnung, dass es da noch jemand geben könnte, der vielleicht für mich da ist."

Gleichzeitig mit den abweisenden Vätern finden manche Adoptierten aber auch Halbgeschwister aus der (zweiten) Ehe des Vaters und empfinden diesen Familienzuwachs als viel wesentlicher und bereichernder, zumal die Geschwister – etwa im gleichen Alter stehend – unbeeinflusster, emotionsloser und kontaktfreudiger mit dem neuen Familienmitglied umgehen. (Dazu das Kapitel: „Geschwister gibt's gratis dazu").

Die meisten Väter bleiben jedoch trotz intensiver Suche unauffindbar. Die Gründe dafür sind vielschichtig: In manchen Fällen waren sie tatsächlich auch der Mutter nicht ausreichend bekannt. Das ist jedoch die *seltene Ausnahme.* In anderen Fällen haben die Vermittlungsbehörden und die Jugendämter gar nicht erst nach dem Vater gefragt, als die Adoption bereits feststand. So ist der Vater in den Akten nicht notiert. Falls die Mutter nicht mehr leben sollte, ist damit auch der Vater für immer verschwunden. In sehr vielen Fällen aber verweigern die leiblichen Mütter eine Auskunft über den Vater. Warum das so ist, kann nur vermutet werden: Sie wollen nicht mehr an ihn erinnert sein, sie wollen die alte Geschichte nicht noch einmal aufgerührt wissen. Möglicherweise schämen sie sich auch dieser Beziehung. Eine ganze Anzahl von Kindesvätern dürfte anderweitig verheiratet gewesen sein, so dass die leibliche Mutter damit gleichzeitig ihren Ehebruch kundtun würde. Aber auch Eifersucht vermute ich hinter der Aussageunwilligkeit mancher Mütter. Sie haben nun ihr Kind wiedergefunden und möchten es gerne für sich alleine haben und nicht mit dem unzuverlässigen Vater von damals teilen müssen. Sie können sein Verhalten nicht berechnen und fürchten möglicherweise, dass das Kind „mit fliegenden Fahnen" zu ihm überläuft. Das können sie nur verhindern, wenn sie den Vater verschweigen. Aus jahrelanger Arbeit mit ledigen Müttern vermute ich aber auch, dass viele Frauen 20 Jahre nach der Adoption den Vater nicht zu benennen wagen, weil dieser gar nichts von der Schwangerschaft und der Geburt eines Kindes weiß. Auch heute noch schämen sich viele Frauen zuzugeben, dass sie von „ihm" schwanger geworden sind. Die Erwartung an die Frau, entweder enthaltsam zu leben oder aber zu verhüten, ist durch die Jahrzehnte erhalten geblieben. Wenn die Frau schwanger wird, dann hat sie „Schuld". Sie hat den Mann „reingelegt", sie hat es nicht anders verdient. Manche Frauen haben dem Kindesvater Schwangerschaft und Geburt verheimlicht und würden sich nach so langer Zeit möglicherweise immer noch schämen, ihm plötzlich ein „Kind" zu präsentieren. Möglicherweise befürchten sie auch die Auseinandersetzungen darum, hochnotpeinliche Fragen und entsprechende Wiederbegegnungen.

Welche Gründe bei den Müttern wirklich vorliegen, ihren Kindern die Väter nicht zu benennen, könnten nur sie selber sagen!

Alles in allem kann gesagt werden, dass die Kindesväter sich in der Adoptionsszene als unzuverlässig bis zum letzten Moment erweisen. Sie sind nicht präsent, sie sind unsichtbar, sie sind oft auch unnötigerweise geschont worden – und gegen Ende ihres Lebens hin sparen sie sich alle Aufregungen, indem sie entweder leugnen oder Desinteresse zeigen.

Späte Unterhaltszahlungen?

Die Ablehnung einer Kontaktaufnahme dürfte bei vielen Vätern auch mit ihrer Rechtsunsicherheit zusammenhängen. Sie fürchten auch noch 20 oder 30 Jahre später, zu Unterhaltszahlungen herangezogen zu werden, irgendwelche Schulden begleichen zu müssen oder „moralisch" verpflichtet zu werden. Damit keine derartigen Ansinnen an sie gestellt werden, stellen sie sich tot, indem sie keine Briefe beantworten, sich am Telefon verleugnen lassen oder vehement jede Vaterschaft abstreiten, selbst wenn diese dokumentiert wurde.

So haben viele Suchende in den letzten Jahren schon die eindringliche Bitte geäußert, dem Vater beim Finden gleich von vornherein zu sagen, dass sie keine materiellen Interessen hätten! Bei einer einst abgeschlossenen Adoption sind ohnehin alle Unterhalts- und Erbansprüche erloschen! Im Gegensatz zu „abgebenden Müttern" habe ich bis heute auch von keinem „abgebenden Vater" gehört, der den Wunsch geäußert hätte, sein damaliges „Versagen", seine seinerzeitige Unfähigkeit in irgendeiner Weise wieder gutmachen zu wollen. Während Mütter oft dazu neigen, ihre wiedergefundenen Kinder zu „entschädigen", sie zu verwöhnen, sie auch materiell vieles nachholen zu lassen, scheinen Väter eher gegenteilige Neigungen zu haben.

Für viele Adoptierte wird so die „gelungene" Suche nach dem Vater noch einmal zu einer Konfrontation mit der Realität. Wer sich „den liebevollen Vater" wünscht, wird meiner Erfahrung nach immer enttäuscht werden. Lediglich diejenigen Adoptierten, die realistisch an die Vatersuche mit dem primären Wunsch herangehen, die eigene Biographie zu vervollständigen, werden nicht enttäuscht.

Eine Ausnahme von dieser Regel mögen Väter sein, die ihre Kinder vor der Adoption persönlich kannten und auch längere Zeit betreuten und erzogen – wie in dem Fall zu Beginn dieses Kapitels geschildert. Aber sie sind äußerst selten.

Zur Ehrenrettung: Der erfreute Vater

Väter waren schon bei meiner Forschungsarbeit über „abgebende Mütter" ein Problem – es gab sie einfach nicht und deshalb ging es oft den Frauen mit ihren Kindern so schlecht, dass ihnen keine andere Lösung als die der Adoptionsfreigabe blieb.

Väter sind auch bei der ganzen Thematik „ledige Mütter" eine Schwierigkeit – sie sind eine „unbekannte Größe", mit der sich schlecht rechnen lässt.

Aber immer, wenn ich so etwas sage und schreibe, meldet sich Protest – selten von Vätern, die das Gegenteil „beweisen" könnten und wollten, öfter aber von Frauen, die doch noch den einen oder anderen liebevollen, sorgenden, zugewandten Vater kennen. Ich kenne auch einige wenige – nicht jedoch in der gesamten Adoptionszene. Auf ihre *Abwesenheit* dürften Adoptionen hauptsächlich zurückzuführen sein!

In der ersten Ausgabe des Suche-Buches konnte ich mangels Masse keinen „gefundenen Vater" präsentieren. Also: wieder keine Ehrenrettung! „Sollte jemand bessere Erfahrungen haben, sollte sich ein ‚abgebender Vater' hier nicht wiederfinden, wäre es schön, wenn er sich zu erkennen gäbe", hatte ich im damaligen Vater-Kapitel geschrieben.

Es gab sich kein liebevoller, ehrenrettender Vater zu erkennen, aber es schrieben mir zwei Töchter und ein Sohn von den herzlichen Aufnahmen, die sie bei ihren Vätern und in deren Familien gefunden haben.

• Im Falle des männlichen Adoptierten handelte es sich bei dem Vater um einen Schwarzen, der als Army-Angehöriger in Deutschland stationiert gewesen war. Er hatte noch von der Schwangerschaft erfahren, war dann aber versetzt worden. Der Kontakt zwischen den Partnern riss ab und die Mutter gab den kleinen Sohn in Deutschland zur Adoption frei. Nachdem dieser sie gefunden hatte und sie recht präzise Angaben über den Vater machen konnte, war es kein Problem, ihn nach knapp 25 Jahren in den USA zu finden. Er war hocherfreut, lud den Sohn sofort zu sich ein und bereitete ihm ein großes „Willkommen". Seine Frau war schon zuvor eingeweiht, die Kinder erfuhren von ihrem Bruder, als dieser sich meldete.

Als der Adoptierte mir von dieser glücklich ausgegangenen Vatersuche schrieb, hatte er nur eine Sorge: Er wollte von seinem Vater als Mann und nicht als Kind betrachtet werden, während dieser ihn problemlos in die Schar seiner Kinder einreihte und den Patriarchen spielte.

- Eine 22-jährige Adoptierte hatte ihren Vater über die Auskunft des Jugendamtes gefunden. Die Mutter hatte jegliche Information verweigert – ohne Angabe von Gründen. Der Vater „freute sich riesig" . . . aber was sich „zunächst wie in einem Rausch" abspielte, geriet der jungen Frau etwas aus der Kontrolle. Der Vater konnte in ihr offenbar nicht so sehr sein „Kind" sehen als viel mehr eine attraktive Frau, mit der er sehr schnell zu flirten anfing. Die Adoptierte war hin- und hergerissen: Sie überlegte einen Abbruch der Beziehung, trauerte aber gleichzeitig um diesen Verlust schon im Vorhinein.

Schließlich beschloss sie, erst einmal zu pausieren. Sie nahm Urlaub, hing eine Dienstreise an und war dann erstmal nicht zu erreichen. Durch viele Gespräche mit einer mütterlichen Freundin (die Adoptiveltern wussten nichts von der Suche und der leiblichen Mutter wollte sie dieses Desaster nicht anvertrauen) schaffte sie es, mit ihrem Vater offen zu reden. Zunächst tat er so, als wisse er nicht, wovon sie redet, gab dann aber zu, dass es ihm schwer fallen würde, in ihr die Tochter und nicht eine attraktive junge Frau zu sehen.

Die Tochter lockerte das Verhältnis zeitlich und behielt sich alle Termine vor. Der Vater gab schließlich nach – vor allem als die junge Frau sich mehr und mehr in seiner Familie zeigte und ein gutes Verhältnis zu seiner Ehefrau begann.

„Für meinen Vater haben sich die Rollen erst sehr langsam zurechtgerückt. Manchmal macht er noch Andeutungen, dann antworte ich entsprechend, und wir können heute gemeinsam darüber lachen. Aber diese zwei Jahre waren eine harte Zeit für mich. Ich fühlte mich sehr zu ihm hingezogen – auch als Mann, das musste ich mir irgendwann selber eingestehen. Er ist auch noch jung. Er war 20 Jahre alt, als ich geboren wurde. Insofern könnte er altersmässig durchaus mein Liebhaber oder Mann sein. Heute bin ich sehr froh, dass alles so gekommen ist. Ich habe einen Vater, den ich lieben kann und der mit seiner ‚großen Tochter' ordentlich angibt. Meiner Mutter habe ich nur gesagt, dass ich ihn gefunden habe und mit ihm in losem Kontakt stehe. Zwischendurch hatte ich das Gefühl, sie wusste, warum sie mir keine Angaben über ihn machen wollte!"

- Diese Probleme hatte die zweite Tochter, die sich bei mir „zwecks Ehrenrettung der Väter" (wie sie selber schrieb) meldete, nicht. Der Vater war bereits Ende 60. Er war in guter Ehe schon lange verheiratet und diese Ehe war kinderlos geblieben. So war das Gefundenwerden durch die Tochter für ihn ein großes Glück. Sehr schnell entstand eine warmherzige Vater-Tochter-Beziehung „mit einer Vertrautheit, als wenn wir nie getrennt gewesen wären"!

Geschwister gibt's gratis dazu

> *„Ihre Mutter hat sechs Jahre vor Ihnen schon ein Kind zur Adoption freigegeben, 1947, mit dem Namen Michael." Mein Herz hüpfte ganz wild. „Ich habe einen Bruder, wo der wohl wohnt, wie der wohl aussieht und sein Leben?" . . .*
>
> *„Der Mann Ihrer Mutter heißt Hans E. Er starb 1972 und hatte drei Söhne, die in Thun heirateten", sagte der Beamte. „Was, nochmals drei Brüder!" platzte es aus mir heraus, und ich schrieb mir schnell die Vornamen dieser drei Brüder auf. (Martin Pedersen)*

Geschwister sind bei der Suche nach der leiblichen Mutter oft nicht nur so etwas wie ein erfreuliches Anhängsel. Sie ergeben sich sozusagen „automatisch". Hat man eine Mutter gefunden, bekommt mancher Adoptierte leibliche Geschwister oder Halbgeschwister frei Haus dazu . . . Es sei denn, dass diese ebenso zur Adoption freigegeben worden waren, wie der Adoptierte selber und dass diese eben auch keinen Kontakt mehr zur Mutter hatten. In diesem Fall müssen sie „hinzugesucht" werden.

Für einen Außenstehenden ist es manchmal rührend, manchmal spaßig, mit welcher Akribie Adoptierte sich ihre große Familie peu à peu zusammenstoppeln. Die Mutter ist gefunden – das war das Wichtigste – und sie gibt die weiteren Informationen. Über sie wird der Vater gesucht und der Rest der Familie.

Das Wissen, dass es noch jemanden gibt, in dessen Adern das gleiche Blut fließt (oder wenigstens 50 Prozent davon), dass es noch jemanden gibt, der das gleiche Schicksal erlebt hat, macht manchen Adoptierten geradezu euphorisch. Besonders hier fragt man sich dann, welche Heimatlosigkeit in Adoptierten erzeugt wurde, wie wenig sie sich dazugehörig fühlten und wie sehr sie darauf angewiesen sind, „Koalitionspartner" und Schicksalsgefährten zu finden.

Nicht selten werden zu den Geschwistern herzlichere Bande geknüpft als zum Vater: Es ist die gleiche Generation und sie ist unbelastet von der Vergangenheit mit ihren negativen Erfahrungen und Beziehungen. Mit ihnen kann man „neu anfangen" – oft mehr als mit den Eltern!

In vielen Fällen kommt es zu guten, dauerhaften Freundschaften, in manchen zu tiefen, warmherzigen, geschwisterlichen Zuneigungen.

Aus den Berichten dreier Adoptierter, die ihre Geschwister gefunden haben, möchte ich zitieren.

• „Es ist der 1. März 12 Uhr mittags, und ich öffne die Post. Dabei ist ein Brief von der Stadtverwaltung K. Ich denke, was wollen die schon wieder? Ich öffne den Brief und halte wieder einen Brief in meiner Hand . . . Träume ich? In dem Brief stand: ‚Sehr geehrte Damen und Herren! Das Standesamt H. teilte mir mit, dass mein Bruder nach dem Tode meiner Mutter in K., . . .Straße wohnte. Können Sie mir bitte mitteilen, wo er jetzt wohnt? Besten Dank! Unterschrift . . .'

Da saß ich und wusste nicht, ob ich lachen oder weinen sollte . . .

Wer ist meine Schwester? . . .

Was jetzt für mich begann, einem Mann mit 44 Jahren, kann ich nicht beschreiben. Die Vergangenheit bewältigen müssen und niemanden fragen zu können, ist sehr schwer.

Ich fand die ersten vier Tage überhaupt keinen Schlaf mehr. Am 9. März ging das Telefon nachts um 1.30 Uhr und es war meine Schwester Regina. In diesem Moment war ich überglücklich . . .

Mein Entschluss, meine Schwester persönlich kennen zu lernen, war schnell gefasst. Ich buchte für den 20. Mai München–Dallas!

In den letzten zwei Monaten stellten wir gemeinsam fest, dass wir dieselben Eltern hatten. Meine Mutter und ihr Adoptivvater sind unsere leiblichen Eltern. Die Fotos, die wir uns gegenseitig schickten, bewiesen das, und die Familie von Regina bestätigte ihr, dass ihr Adoptivvater unser Vater ist . . .

Am 20. Mai bin ich in Dallas gelandet und meine Schwester Regina hat mir einen großen Empfang bereitet. Was ich dabei fühlte, kann ich nicht aussprechen. Es ist eine Schwester, wie ich immer als Junge geträumt habe. In den letzten neun Tagen stellten wir so viele Gemeinsamkeiten und Erinnerungen fest. Es ist fast nicht zu glauben . . ."

• Martin W. hat ungleich länger gebraucht, um sich seine Familie „zusammenzustellen". Er lernte schon vor mehr als 20 Jahren seine leibliche Mutter kennen, zu der er jedoch keinen emotionalen Kontakt fand. Aber er bekam einen guten Kontakt zu zwei Schwestern der Mutter, seinen leiblichen Tanten, die ihn darüber aufklärten, dass er noch weitere Geschwister habe, die auch zur Adoption freigegeben worden waren.

„Im letzten Jahr kam ich durch Zufall an die genauen Geburtsdaten meiner Geschwister, ja sogar in den Besitz von Kopien der Geburtsurkunden. Auch war ich sehr erschüttert; hatte ich bisher von zwei Geschwistern gewusst, erfuhr ich, dass ich noch drei weitere Geschwister habe . . .

Das traf mich wie ein Hammer! Aber jetzt konnte ich endlich aktiv werden."

Bei deutschen Behörden kann man Herrn W. nicht helfen, da die Geschwister alle in die USA vermittelt wurden. So wendet er sich an mich und die Suche via „Operation Identity" nimmt ihren Lauf. Ein Vierteljahr nach Kontaktaufnahme bekommt er aus den Staaten einen Brief, in dem ihm Leonie Boehmer mitteilt, „dass sie gerade mit der Frau meines Bruders telefoniert hätte. Sie teilte mir seine Adresse und seine Telefon Nummer mit. Sie schrieb, dass meine Schwägerin sich sehr über die Nachricht gefreut hat, obwohl sie aus allen Wolken gefallen ist. Andrew (der Bruder) wusste, dass er adoptiert worden war und wollte schon lange nach seiner Herkunft und seiner Familie in Deutschland suchen. Ich kann einfach nicht in Worte fassen, was ich empfand, als ich Leonies Brief las! Meine ganze Familie war vor lauter Freude total aus dem Häuschen. Es war ein richtiger Feiertag."

Nun hebt eine emsige Briefschreiberei von beiden Seiten an, die Post überschneidet sich, weil beide gleichzeitig lange Nachrichten an den anderen geben wollen.

„Es war ein dicker Brief von Andrew gekommen! Es war unglaublich! . . .Zum erstenmal in meinem Leben weinte ich hemmungslos. Ich hatte meinen Bruder gefunden! Und er wollte mich genau so gerne akzeptieren wie ich ihn. Ich hatte große Angst, ob mich meine Geschwister überhaupt annehmen würden und etwas von mir wissen wollen. Andrew hatte die gleichen Ängste, wie er mir schrieb!"

Ab sofort herrscht ein reger Austausch zwischen den beiden Familien diesseits und jenseits des Atlantiks. Es wird geschrieben, telefoniert, die Töchter freunden sich an (sehen sich sehr ähnlich und sind auch beide im selben Jahr geboren). Und dann fliegt die ganze Familie zu einem ersten Treffen, das zur Zufriedenheit aller ausfällt. Aber noch sind sie nur zu zweit – sie waren aber mehr Geschwister.

„Über all unserer Freude, dass wir uns gefunden haben (Andy dachte immer, er sei ein Einzelkind), haben wir doch auch schon gemeinsam Trauer erleben müssen. Wir mussten erfahren, dass unsere einzige Schwester ermordet wurde. Das war ein sehr schwerer Schlag für uns beide . . ."

Leonie Boehmer sucht weiter: Der letzte Bruder fehlt noch. Es besteht eine gute Chance und Herr W. schreibt:

„Hoffentlich ist es mein Bruder und hoffentlich finden wir ihn schnell. Dann wäre es sogar möglich, dass wir drei Brüder im Herbst in Colorado endlich zusammen sind, wie es sich von Anfang an gehört hätte! Ich muss fast 42 Jahre alt werden, um Geschwister zu bekommen! So ein Wahnsinn! Drei Brüder mit drei verschiedenen Namen! Das ist eine Geschichte, wie sie nur das Leben schreiben kann – kein Mensch könnte sich so was ausdenken!"

Nach einigen weiteren Wochen war auch der dritte Bruder gefunden. Er wusste bis dahin nichts „von und über seine Geschwister", und er war sehr erfreut. Ein Treffen ist in Aussicht genommen.

• „Vor einer Woche bin ich aus den USA zurückgekommen, leider haben sich meine Erwartungen nicht erfüllt. Zu meinem Vater konnte ich leider kein Verhältnis entwickeln. Er erwartete eine perfekte, gehorsame Tochter, die ich leider nicht sein kann und auch nicht bin. Sonst gab es auch endlose Diskussionen, die ich für ziemlich fruchtlos hielt, da es von seiner Seite her nur Unschuldsbeteuerungen gab. Soweit, so gut. Aber ich habe durch diese Reise meinen inneren Frieden gefunden und eine wunderbare Reise erlebt. Vielleicht habe ich nicht gefunden, was ich gesucht habe, aber ich habe vieles andere gefunden, wunderbare Geschwister, eine liebevolle Stiefmutter und auch sonst freundliche Familienmitglieder. Also irgendwie doch ein Erfolg."

Bei der Geschwistersuche kann es auch vorkommen, dass der/die Gefundene nicht nur freudig-überrascht ist über den plötzlichen Familienzuwachs, sondern auch erschreckt-überrascht darüber, dass er/sie selber adoptiert worden ist. Es gibt „gefundene" Geschwister, die erst durch ihre biologischen Schwestern und Brüder im hohen Erwachsenenalter aufgeklärt werden, dass auch sie fortgegeben und angenommen wurden (wenngleich es alle in irgendeiner Weise immer ahnten – zumindest jedoch als Dissonanz in ihrem Leben erspürten).

Offenbar ist der Schreck unter diesen Umständen aber schneller zu überwinden und der Lüftung des Geheimnisses die schmerzhafteste Spitze abgebrochen dadurch, dass die Nachricht von Gleichbetroffenen kommt, die überdies gleichzeitig Familie darstellen und weitere Familie mitbringen. Die Frage nach den biologischen Eltern kann oft sofort geklärt werden, manchmal können sie Eltern sogleich „präsentiert" werden! Der Schock scheint sich dadurch abzumildern – wenngleich dennoch eine lange Verarbeitungszeit vonnöten ist, diese vielen Umbrüche mit dem Herzen und nicht nur mit dem Verstand zu verarbeiten.

Aber nicht jede Geschwisterfindung hat ein solches happy end wie bei den beiden Männern, die ihre Geschichte aufgeschrieben haben.

- Ute H., die auf ihrer Suche den Vater fand, stellte nach weiteren Recherchen fest, dass dieser aus der nachfolgenden Kurzehe ebenso eine Tochter hatte (die er im übrigen genauso leugnete wie seine Älteste). Sie ist sehr neugierig auf die Zweitfrau (die Drittfrau hatte sie beim problemreichen Hausbesuch beim Vater kennen gelernt!) und vor allem auf die Schwester. Es wird ein Termin zum ersten Treffen vereinbart:

„Ich fand das super. Das war wie im Kino. Meine Freude über Ilse war natürlich nicht tiefgreifend. Ich wollte sie nur sehen. Es sollte kein Sich-in-die-Arme-Sinken sein . . .

Natürlich stellte ich sie mir irgendwie vor. Ich war bereit, sie in jedem Fall zu akzeptieren, egal, wer und was sie war."

Ute H. fährt hin mit einem dicken Blumenstrauß und „in neugieriger Erwartung, was da wohl kommt."

„Und ich konnte nur noch ‚um Gotteswillen' denken. Da stand sie vor mir, meine Halbschwester, die mir nicht ähnlich war. Mit fettigen Haaren! Ungepflegt! Schmuddelig! Mit stark vorstehenden Zähnen . . . Wir gingen ins Haus – so ein Durcheinander war für mich kaum vorstellbar. Obwohl wir verabredet waren, hatte sich niemand die Mühe gemacht, etwas Ordnung in dieses Chaos zu bringen . . .

Unfassbar. Wo war ich nur gelandet? Meine Toleranz war vorher grenzenlos, aber dies konnte ich nicht akzeptieren. Ich schämte mich. Mir war es peinlich. Welten lagen zwischen mir und Ilse. Schade, wir würden nie zusammen passen, wenn wir auch zufällig den gleichen Erzeuger hatten . . .

Mein Traum von einer Halbschwester war wie eine Seifenblase geplatzt. Ich werde sie vergessen!"

Immerhin hatte die Schwester – vielleicht ebenso neugierig – in ein Treffen eingewilligt. Wenn die Geschwisterkonstellation jedoch eine andere ist, kann es zu so stark rivalisierenden Gefühlen kommen, dass ein Kontakt von einer Seite strikt abgelehnt wird.

In den bisher geschilderten Fällen waren alle Beteiligten gleichermaßen betroffen: Sie waren alle irgendwie abgegeben oder verlassen worden – sie hatten dadurch eine ganz wesentliche Gemeinsamkeit!

Keine Gemeinsamkeit dieser psychischen Art haben Geschwister, die ungleich behandelt wurden: Der eine wurde fortgegeben, der andere durfte bleiben. Oder: Der erste wurde zur Adoption vermittelt, und der darauffolgende wurde behalten, ohne dass sich für einen Außenstehenden sichtbar die Verhältnisse auch nur geringfügig geändert hätten!

Dieses Faktum ist für manche Adoptierten sehr schwer zu ertragen.

• Polly Toynbee schildert einen Fall, in dem der Adoptierte aufgrund der Ablehnungen von allen Seiten geradezu zu einem fanatischen Sucher wird. Die Mutter lehnt eine Kontaktaufnahme ab, aber er erfährt, dass er noch einen Bruder hat, der nach ihm geboren wurde und der bei der Mutter bleiben konnte. Diesen Bruder will er kennen lernen. Er will wenigstens ein bisschen Familie!

„Sie hatte einen Sohn. Sie hatte ihn doch tatsächlich Thomas genannt. Ist das nicht ein merkwürdiges Verhalten? Wenn man bedenkt, dass ich nach meinem Vater benannt wurde. Jetzt hat sie zwei Söhne, die Thomas heißen! Sie glaubte, mich aus ihrem Gedächtnis auslöschen zu können, indem sie ihm meinen Namen gab. Sie hat bei mir eine geistige Abtreibung vorgenommen und alles meinem Bruder gegeben – alles, sogar meinen Namen!"

Nach der Ablehnung der Mutter, die er gerade zu belagert hatte, holt er Erkundigungen über den Halbbruder ein. Er fährt zu der Schule, an der der Bruder als Lehrer tätig ist. Die Mutter hatte brieflich von ihm Schweigen gegenüber jedem Dritten verlangt und so muss Thomas I. sich daran halten. Er will den Bruder aber wenigstens sehen! Er trifft ihn nicht an – auch nicht beim zweiten Besuch in der Schule. Dann plötzlich wird die Schule geschlossen – „aber kurz bevor das geschah, ging ein Freund von Tom, der die Spannung nicht länger ertragen konnte, auf seinen Bruder zu und erzählte ihm alles." Er appelliert an den Bruder, sich mit dem Erstgeborenen zu treffen. Dieser reagiert mit Erschrecken und Erstaunen, als er hört, dass er einen Bruder hat, der im Waisenhaus aufgewachsen ist. Er bat sich Zeit aus, darüber nachzudenken. Er versprach, Verbindung aufzunehmen – aber dann verschwand er und weder Tom noch sein Freund haben je wieder etwas von ihm gehört oder gesehen. Alle weiteren Nachforschungen bleiben ohne Erfolg. Dennoch sucht er weiter, obwohl er weiß, dass der Bruder sich nicht melden wird, dass er an einem Kennenlernen nicht interessiert ist! Wäre er es, dann hätte er längst reagiert. „Vielleicht glaubt er, ich bin hinter meinem Anteil am Geld meiner Mutter her. Das bin ich natürlich nicht, und das würde ich ihm auch sagen!" (Toynbee, S. 120ff.).

Niemand lässt Tom in die Familie! Die Mutter will keinen Kontakt, weil der Ehemann diese Seite der Vergangenheit nicht kennt, der Vater verleugnet ihn und selbst der Bruder – seine Generation – will mit ihm nichts zu tun haben. Er war Mutters Einziger, der alles bekam (selbst den Namen des Erstgeborenen, wie dieser schmerzhaft berührt anmerkt), und er will möglicherweise nicht „teilen" – was auch immer! Er, der Studierte, dem alles ermöglicht wurde, möchte nicht mit dem armen Bruder aus dem Waisenhaus gleichgesetzt werden – die Mutter hat früh genug die Weichen gestellt. Niemand ist bereit, sie umzulegen und noch spät den Unglücklichen in die Geborgenheit der Familie aufzunehmen, nach der er sich sehnt, seit er ein kleines Kind war.

Und Familie haufenweise

Mit der Mutter und den Geschwistern ist oft auch die ganze *weitere Familie* gefunden. Für Adoptierte eröffnen sich damit völlig neue Lebensperspektiven, die sich erst in ihrer ganzen Ausweitung ermessen lassen, wenn sie ihre Empfindungen in Ruhe und Ausführlichkeit darlegen.

In vielen Interviews und durch einen umfangreichen Briefwechsel entstand bei mir der Eindruck, als ob viele Adoptierte sich erst in ihrer Herkunftsfamilie einer umfangreicheren Verwandtschaft gegenüber sehen. Aus der Kleinfamilie Adoptivvater, Adoptivmutter und Adoptivkind eröffneten sich durch die Suche plötzlich Großfamilien mit Onkeln, Tanten, Cousins und Cousinen, Großeltern, Geschwistern, Halbgeschwistern, Nichten und Neffen.

In manchen Fällen deuten die Adoptierten an, dass sie mit den Adoptiveltern „ziemlich isoliert" gelebt hätten. Manchmal wird auch deutlich, dass die Adoptiveltern sich von der eigenen Familie absonderten oder abgesondert wurden: „Wir waren die Außenseiter. Mein Mann stammt aus einer sehr kinderreichen, katholischen Familie. Seine Brüder hatten alle mehrere Kinder. Das war dort so üblich. Nur er konnte keine Kinder zeugen und deshalb haben wir adoptiert. Aber dadurch haben wir nie richtig dazugehört und wir konnten auch nicht mitreden. Wir hatten nur ein Kind und das war noch nicht mal das eigene. Natürlich waren wir bei allen Familienfeiern dabei, das schon! Unser Sohn wurde auch von den Großeltern genauso üppig beschenkt wie die anderen Enkel. Aber irgendwie waren wir immer Außenseiter mit unserem Kind!"

Mehr als 40 Prozent aller Adoptierten wachsen als Einzelkinder heran und haben somit schon deswegen weniger Familie. Haben sie jedoch Geschwister, dann sind die Verhältnisse sehr häufig sehr gespannt, wenn es sich um leibliche Kinder der Adoptiveltern handelt, die ein fremdes Kind hinzugenommen haben. Was noch wesentlich problematischer ist: wenn nach langjähriger ungewollter Kinderlosigkeit ein „Ersatzkind" adoptiert und anschließend spontan ein leibliches Kind erwartet wurde (nach Beobachtungen in ca. 30 Prozent aller Adoptivfamilien).

Unter solchen Familienverhältnissen empfinden sich Adoptierte als besonders „anders", als nicht voll dazu gehörend. Es ist zwar ihre Familie, es sind ihre Geschwister – aber letztlich sind sie es doch nicht! Die soziale Zugehörigkeit wird von Adoptierten immer anders erlebt als die biologische, und sämtliche Adoptionsideologen, die das Primat der sozialen Elternschaft über die biologische stellen, mögen zwar sozialpolitisch recht haben. Die meisten Adoptierten erleben es jedoch anders.

Plötzlich „seinem eigen Fleisch und Blut gegenüberzustehen", scheint für sehr viele Adoptierte ein ungeheuer einschneidendes Erlebnis zu sein. Sie empfinden sich als nicht mehr so einsam, sie haben plötzlich Anhaltspunkte, wo sie in Wirklichkeit verwurzelt sind. Sie sehen auch andere Schicksale, die dem ihren sehr viel näher sind als die Schicksale der Adoptiveltern mit ihren Familien. Das mag eine Frage der sozialen Umschichtung sein – schließlich ist Adoption noch immer eine soziale Umverteilung von unten nach oben. Adoptivkinder entstammen in der Regel niedrigeren Sozialschichten als Adoptiveltern. Können Adoptierte den Anforderungen dieser Schicht nicht genügen (z. B. durch schulische Leistungen), dann wird für sie erschreckend deutlich, dass sie „eigentlich doch nicht dazugehören", sondern dass ihre Familie ganz woanders ist. Ähnliche Begebenheiten mögen für viele Adoptierte dazu beitragen, dass sie sich plötzlich in ihrer biologischen Familie angenommen und heimisch fühlen, auch wenn sie diese noch nie gesehen haben. Sozial handelt es sich um völlig Fremde, in der Regel haben sich die Verwandten noch nie gesehen. Dennoch wird vielmehr „Verwandtes" festgestellt als zur

Familie der Adoptiveltern, mit der man 15, 20, 25 Jahre lang vertraut gelebt hat.

Mag sein, dass diese Gefühle „eingeredet" sind – wie manche Adoptionsvertreter meinen. Für mich ist ausschlaggebend, was die Adoptierten *empfinden* und welche Einstellungen sie selber zu dieser Frage haben. In diesem Zusammenhang ist auch wichtig, noch einmal darauf hinzuweisen, dass sich viele Adoptierte erst dann auf die intensive Suche begeben, wenn sie in der Adoptivfamilie keine Wurzeln schlagen konnten und sich dort nicht vollständig verankert fühlten. Da mir durch meine derzeitige Tätigkeit immer nur die Suchenden begegnen, kann ich nicht sagen, ob die Nichtsuchenden vielleicht andere Einstellungen und Gefühle haben. Es ist beides möglich. Im Folgenden gebe ich zwei „Fälle" wieder, um das Empfinden von Adoptierten darzustellen, das sie hatten und haben, nachdem sich ihre leibliche Familie komplettiert hat.

- Ein Adoptierter im Alter von 28 Jahren schreibt mir, dass er seine Mutter vor etwa einem halben Jahr gefunden hat. Er hatte sich eine sehr herzliche und warme Aufnahme von ihr versprochen, hat sie doch aber als kühler erlebt, als er es wünschte. Beide haben einen regelmäßigen Kontakt zueinander und wenn sie sich einmal mehrere Wochen nicht sehen, dann wird zumindest telefoniert oder eine Karte geschrieben. Das sei aber nicht das gewesen, was er sich von seiner leiblichen Mutter versprochen habe. Er habe jedoch einen großen Trost: Er habe noch mehr Familie hinzugewonnen. Das sei ihm ganz besonders wichtig für sein eigenes Kind, das inzwischen drei Jahre alt ist.

„Zu meinen Adoptiveltern hatte ich nach meinem Auszug nur noch sehr geringen Kontakt. Es war nie ein besonders herzliches Verhältnis gewesen, wenngleich ich ihnen immer sehr dankbar gewesen bin dafür, was sie alles für mich getan haben. Sie waren es ja auch, die mir überhaupt das Abitur und das Studium ermöglichten. Bei meiner leiblichen Familie wäre das nicht möglich gewesen. Trotzdem hat es mir nicht weh getan, als ich dann auszog. Manchmal hatte ich auch das Gefühl, dass es ihnen ganz recht war. Irgendwo hatten sie ihre Pflicht erfüllt, und ich konnte gehen. Entsprechend ist nun auch unser Verhältnis. Natürlich sehen wir uns ab und zu, aber Besuche sind seltener geworden. Sie waren auch nicht mit meiner Heirat einverstanden. Ich habe meine Frau schon im Studium kennen gelernt, und das war ihnen nicht recht. Ich sollte erst das Studium beenden und meine Karriere ansetzen, bevor ich mich fest binde. So ging es aber alles schneller, als sie dachten, und wir mussten dann auch heiraten. Unser Kind war schon unterwegs. Auch das hat meinen Adoptiveltern nicht gepasst. Sie fanden das sehr unangenehm, obwohl sie es nie so deutlich sagten. Aber ich merkte, dass sie mich dafür immer ein Stück verachteten. So hat sich das Verhältnis dann noch mehr abgekühlt. Unser Kind betrachten sie auch nicht so richtig als Enkelkind, obwohl es ja ihr einziges ist. Aber ein Enkelkind ist vielleicht noch vielmehr an die Biologie gebunden als das Kind. Ich weiß es nicht, aber ich habe manchmal den Eindruck, wenn ich meine Adoptiveltern so reden höre.

Als ich dann meine Mutter fand, hatte ich auch das Gefühl, die biologische Verbindungslinie zwischen meinen Vorfahren und meinen Nachkommen über mich hergestellt zu haben. Auf einmal war die durchbrochene Linie wieder ganz. Meine leibliche Mutter hat auch ein sehr viel besseres Verhältnis zu ihrem Enkelkind als meine Adoptiveltern. Ich glaube manchmal, dass sie ein besseres Verhältnis zu ihm hat als zu mir. Das freut mich für unser Kind natürlich ganz besonders. Es hat zwar richtige Eltern, aber es hatte doch nie richtige Großeltern. Und die braucht man auch. Nun ist da eben die Großmutter auf der anderen Seite. Dass ich ein bisschen zu kurz komme dabei, kann ich gerne schlucken.

Aber was ich eigentlich erzählen wollte: Ich habe plötzlich noch mehr Familie bekommen. Alle haben mich mit offenen Armen aufgenommen. Ich bin mir bis heute nicht klar darüber, wer von der Adoption wusste, also von meiner Existenz, und wem ich plötzlich auf dem Präsentierteller dargeboten wurde. Ich habe auch nie danach gefragt. Mir ist es einfach wichtig zu wissen, dass alle mich mögen und dass sie auch meine Frau und das Kind voll akzeptieren, so dass wir alle richtig zusammengehören. Irgendwie habe ich immer noch nicht durchschaut, wer alles dazu gehört. Es ist eine sehr weit verzweigte Familie, die gute Kontakte zueinander hat. Viele wohnen in Süddeutschland, so dass ich sie noch gar nicht kennen gelernt habe. Ich habe auch keine Eile, ich will alles sehr vorsichtig angehen lassen. Außerdem bin ich beruflich derzeit sehr eingespannt. Aber es ist schon ein gutes Gefühl, so platziert zu sein, so dazu zugehören und zu wissen: Da hast du deine Familie, die du im Grunde genommen nie gehabt hast."

Bei solchen und ähnliche Aussagen wurde mir immer ganz besonders deutlich, welche Entwurzelung Adoptierte erleben können. Sie fühlen sich gelegentlich wie „frei im Raume schwebend" (Adoptierte, 23 Jahre alt). Scheinbar eröffnen sich Chancen für eine Be-Wurzelung erst durch das Kennenlernen der Familie und die liebevolle Aufnahme, die viele in ihr finden. Möglicherweise tragen sie durch ihre hohe Erwartenshaltung dazu erst bei. Weil sie es so möchten, haben sie es auch so!

- Tragisch, kurios – auf alle Fälle einmalig ist das Schicksal eines 53-jährigen Mannes, von dem mir seine Frau schrieb.

Um sich seine Rentenhöhe ausrechnen zu lassen, hatte er sich an die Landesversicherungsanstalt gewendet. Diese verlangte alle Personalpapiere . . . begonnen mit der Geburtsurkunde. Eine solche hatte er noch nie besessen, und er musste sie vom Standesamt einer anderen Stadt beantragen. Als er sie in Händen hielt, erfuhr er im Alter von 53 (!) Jahren, dass er als Kleinkind adoptiert worden war. Es schmetterte ihn nieder. Er verlor – wie er selber es ausdrückte – allen Boden unter den Füßen und erlebte sein bisheriges Leben „als eine einzige Lüge".

Wieso er seine Unterlagen nicht bei der Eheschließung in Händen gehabt hatte, ermittelte seine Ehefrau: Damals hatte ein Standesamt (Geburt) die Urkunde an das andere Standesamt (Heirat) direkt übermittelt, ohne dass er sie je zu Gesicht bekommen hätte.

Als seine Ehefrau sah, wie schwer sich ihr Mann mit dieser Biographie tat, wie schlecht es ihm ging und wie er mehr und mehr ins Grübeln und in die Verzweiflung versank, wurde sie aktiv. Sie ging auf die Suche nach seiner Herkunft!

Zu Hilfe kam ihr dabei, dass sich diese ganze Familiengeschichte in einem relativ kleinen Verwaltungsbezirk abgespielt hatte. (Fast) jeder kannte (fast) jeden, die Behörden waren zu allerlei Interna bereit; Herumfragen, Klatsch und Tratsch taten ihr Übriges.

Seine Mutter war bereits tot – obwohl sie bei seiner Geburt erst 16 Jahre alt gewesen war und somit – dem statistischen Durchschnitt entsprechend – noch hätte leben können. Der Vater war sehr viel älter gewesen und lebte auch nicht mehr. Jedoch fand die Ehefrau eine über 80 Jahre alte Tante ihres Mannes: die ältere Schwester der Kindesmutter. Ihr erster Kommentar zum Gefundenwerden lautete: „Na endlich, ich habe schon so lange gewartet und alle Babysachen von damals aufgehoben!"

Es stellte sich heraus, dass diese Tante das Baby zunächst versorgt hatte, weil die junge Mutter es nicht schaffte. Als dann aber „nichts mehr ging", wurde der Junge kurz vor seinem ersten Geburtstag zur Adoption gegeben – von der Tante ebenso tief betrauert wie von der leiblichen Mutter. Nun hatte sie mit dem Sterben so lange gewartet, bis er sich endlich meldete.

Diese alte Frau war noch eingebunden in ihrer Gemeinde und in ihrer Familie, die verwandtschaftlich weit – regional aber sehr nah verzweigt war. Vielen war die Adoption, die über ein halbes Jahrhundert her war, bekannt, so dass es keine Überraschungen gab.

Die rührige Ehefrau und die alte Tante arrangierten alsdann ein Familientreffen, zu dem über 50 Personen kamen: alles Blutsverwandte.

Der Adoptierte, der sich ohne Herkunftsfamilie wähnte (die Adoptiveltern waren bereits verstorben) und der sich anschickte in Rente zu gehen, begann ein neues Leben. Er hatte eine riesige Familie gefunden, die ihn aufnahm wie den verlorenen Sohn.

Motive abgebender Mütter, nach ihren Kindern zu suchen

Als ich Mitte der 80er Jahre die erste große Untersuchung zu Frauen machte, die ihre Kinder irgendwann einmal zur Adoption freigegeben hatten, fiel mir auf, dass alle Mütter von sich aus auf ein späteres Wiedersehen zu sprechen kamen. Sie hofften auf Informationen; sie wünschten, gesucht und gefunden zu werden, weil sie selber den Mut zur Suche nicht aufbrachten; sie planten sehr konkret, das „Kind" selber zu suchen, wenn es erst einmal volljährig sein würde.

Diese Gespräche haben mich auf die Idee gebracht, der Suche-Thematik mehr Raum zu geben.

Mit nur zwei Ausnahmen hatten die 75 Mütter meiner Untersuchung ein sehr großes Interesse am Ergehen ihres Kindes geäußert – unabhängig davon, ob die Adoption drei Monate oder 30 Jahre zurücklag.

Bei allen Frauen stand die Frage nach dem „Erfolg" dieser Maßnahme im Mittelpunkt: Hat sich mein Opfer gelohnt? Hat mein Kind es wirklich besser getroffen, als es bei mir der Fall gewesen wäre? War der Entschluss damals richtig? Geht es ihr/ihm wirklich so gut, wie durch die Adoption bezweckt werden sollte?

Natürlich war mit diesen Fragen auch immer Neugier verbunden: Wie mag sie/er heute aussehen? Sieht er seinem Vater ähnlich? Ist etwas von uns leiblichen Eltern „übrig geblieben"? Was haben die Adoptiveltern aus ihm/ihr gemacht?

Ein sehr wichtiger Raum in den Ansinnen der Mütter wurde aber auch einem Problem eingeräumt, das für Außenstehende schwer nachzuvollziehen scheint: Sie wollen sich erklären. Sie wollen *ihre* Version der Adoptionsgeschichte erzählen: „Ich weiß doch gar nicht, was meiner Tochter überhaupt erzählt worden ist. Vielleicht ist alles falsch, und sie ist mit einem ganz schlechten Bild von mir aufgewachsen!" Damit zusammenhängend ist auch das Motiv zu sehen, beim Kind um Verzeihung zu bitten. Selbst Mütter, die zur „Freigabe" *gezwungen* worden waren, hatten große Schuldgefühle und meinten, vielleicht doch nicht alles getan zu haben, um die Adoption zu verhindern. Sie alle hatten internalisiert (und es noch sehr häufig zu hören bekommen!), dass eine richtige Frau, eine gute Mutter sich um keinen Preis von ihrem Kind trennt. Tut sie es doch, ist sie keine gute Mutter gewesen!

Sie wollten ihren Kindern auch erklären, wie andere Menschen über die Zukunft von Kind und Mutter entschieden hatten. Sie wollten sich – alles in allem – entlasten. Sie wollten die Verzeihung ihrer Kinder für den damaligen Schritt erlangen.

Wenn man bedenkt, dass für die meisten Frauen mit der Abgabe des Kindes eine tiefe Wunde gerissen wurde, ist auch verständlich, dass sie hofften, so etwas wie Heilung zu finden. „Endlich Ruhe finden", haben es viele Frauen genannt – und in dieser Aussage gerann alles:

beruhigt werden über das Wohlergehen, Verzeihung erlangen, Neugier befriedigen, eine späte Rechtfertigung erleben . . .

• „Ich musste damals meine Tochter fortgeben", schreibt eine 62-jährige Frau. „Ich war noch sehr jung und nach der Flucht völlig entwurzelt. Meine Eltern waren beide vermisst. Ich habe mich dann mit einem Mann zusammengetan, der mir auch die Ehe versprochen hat. Als ich schwanger wurde, hat er die Abtreibung von mir verlangt. Aber das konnte ich nicht. Ich habe damals als Hilfe in einem großen Krankenhaus gearbeitet, in Schicht. Zwölf Stunden mussten wir oft arbeiten. Das Kind musste ich deswegen in ein Heim geben. Weil ich es nicht so oft besuchen konnte, hat ein Arzt aus dem Heim dann verlangt, dass das Kind zur Adoption kommt. Er hatte gute Verbindungen in die USA und dahin ist meine Tochter dann auch gekommen!

Heute bin ich alt und auch schon sehr krank. Mein Leben hat nie mehr Spaß gemacht. Meine Schuld war zu groß und nie durfte ich erfahren, wie es meiner Tochter geht. Der Arzt aus dem Heim hat jede Auskunft abgelehnt. Ich weiß noch nicht einmal, ob sie noch lebt.

Ich wüsste so gerne, was aus ihr geworden ist. Sie ist jetzt eine erwachsene Frau und hat bestimmt selber Kinder und ich habe Enkel, von denen ich nichts weiß. Ich würde sie noch einmal gerne in meine Arme schließen, bevor ich sterben muss!"

Diese Mutter erfreut sich inzwischen bester Gesundheit und Lebensfreude – die Tochter wurde gefunden, ein Schwiegersohn und drei Enkel dazu – und sie ist seit Monaten bei ihrer großen Familie, die sie herzlich willkommen geheißen hatte!

Anders ist es einer 44-jährigen Frau gegangen:

• „Ich bin schwer an Krebs erkrankt, habe schon zwei Operationen hinter mir und muss mich nun noch einmal operieren lassen. Die Kuren und Bestrahlungen haben nicht angeschlagen.

Vor 22 Jahren habe ich meine Tochter zur Adoption freigeben müssen, weil meine Mutter es verlangte. Ich habe nicht mehr lange zu leben, und deshalb möchte ich meine Tochter noch einmal sehen. Sollte das nicht möglich sein, möchte ich wenigstens um ein Foto bitten und um einen Bericht, wie es ihr geht. Meine Schuldgefühle haben mich nie verlassen und auch nicht die Träume, dass meine Tochter stirbt, weil ich nicht bei ihr bin. Bitte, bemühen Sie sich für mich – damit ich in Ruhe sterben kann!"

Vor diese Wunscherfüllung hatte das Schicksal einen unerbittlichen Jugendamtsleiter gesetzt. Er beschied ihr, dass das Leben noch andere Aufgaben habe . . . und ließ sich auf keinerlei Interventionen ein.

Mütter sprachen aber auch über ihre Ängste:

„Was werde ich vorfinden?" Und auch hier sind wieder Parallelen zu den Adoptierten zu finden: Wenn man über 20 Jahre nichts voneinander erfahren hat, ist die Unsicherheit groß und die Angst vor einer möglichen Enttäuschung lässt eine Suche immer wieder aufschieben. „Wenn ich daran denke, da steht plötzlich so ein randalierender Borussia-Fan mit der Bierflasche am Hals vor mir – und das ist dann mein Sohn –, nein, das möchte ich lieber nicht erleben!"

Aber auch eine andere Angst hindert manche Mütter, offensiv und aktiv zu suchen: „An ihrer Stelle würde ich viele Aggressionen und negative Gefühle einer Frau gegenüber haben, die mich als kleines Kind weggeben hat. Wie würde ich das verkraften? Was wäre, wenn sie meine Gefühle und Handlungen nicht verstehen könnte?"

Diese Gefühle sind so ausgeprägt, dass viele Mütter *nicht suchen.* Der vordringlichste Grund ist jedoch, dass sie sich in zweierlei Hinsicht rechtlos fühlen: Zum einen wissen sie, dass sie seiner Zeit mit der Abtretungserklärung vor dem Notar *juristisch* alle Rechte abgegeben haben, dass alle „Ansprüche" an das Kind für alle Zeiten erloschen sind. Die Rechtlosigkeit wird aber auch in psychischer Hinsicht erlebt: Eine Mutter, die sich von ihrem Kind trennt, ist moralisch rechtlos. Das ist die Auffassung der Öffentlichkeit, und viele Frauen sind in allen möglichen Situationen mit dieser Einstellung konfrontiert worden, wenn sie es je wagten, über die Freigabe zu sprechen. Frauen, die nie darüber sprachen, „wussten" schon vorher, was ihnen bevorsteht!

Das Gesetz hat ihnen einen Riegel vorgeschoben: Das Kind, das einmal zur Adoption freigegeben wurde, ist für alle Zeiten „verloren".

In den letzten zwanzig Jahren hat sich dennoch vieles zugunsten der „abgebenden Mütter" verändert. Dadurch, dass einige von ihnen selber die Öffentlichkeit suchten, dass über sie, ihre Biographien und ihr Leben nach der (oft unfreiwilligen) Freigabe geforscht und publiziert wurde (vgl. Swientek: Die abgebende Mutter im Adoptionsverfahren, 1986), dass sie sich in Selbsthilfegruppen zusammentaten und erlebten, dass sie nicht alleine und nicht „schuldig" sind, gewannen sie einerseits an Öffentlichkeit und andererseits an Selbstwertgefühl.

Es gibt zunehmend Frauen, die zu einem früheren Zeitpunkt ihr(e) Kind(er) zur Adoption freigegeben haben, die sich beharrlich und selbstbewusst nach ihnen erkundigen, die sich nicht abweisen lassen, die Briefe an die Kinder hinterlegen und von vornherein wissen lassen, dass sie einen Kontakt (notfalls über Dritte) zu der annehmenden Familie wünschen und davon ausgehen, dass sie spätestens bei Volljährigkeit des Kindes suchen und finden werden.

Abgebende Mütter sind kein Tabu, die Geburt eines nichtehelichen Kindes keine Schande mehr und die Freigabe zur Adoption ein Akt, der mehr und mehr Anerkennung statt Verachtung findet.

Kindes-Suche

„Du müsstest wissen, dass ich dich suche. Du müsstest wissen, dass ich im letzten Sommer in E. war. Du müsstest wissen, dass deine Mutter von dem Telefonapparat, den du so gut kennst, mit mir telefoniert hat. Das Versteck in eurer Wohnung hast du, denke ich, längst gefunden. In dem Versteck liegen Briefe, die ich den Adoptiveltern schrieb. Das Jugendamt hat sie vermittelt. Du warst zwei Jahre alt, als ich sie schrieb, und ich war zweiundzwanzig Jahre alt . . .

Bei den Briefen wird auch ein Foto von mir liegen. Mir ist, als kennst du dieses Foto. Ich meine damit nichts Mystisches . . .Wenn du angesehen und gelesen hättest, was im Versteck liegt, könntest du entscheiden, was du mit meiner Adresse und mit meiner Telefonnummer machst, die du in der Hand hältst . . .

Wir beide müssten uns sehen, damit wir weitergehen können ohne Fesseln. Damit wir nicht ewig Suchende sind." (Marianne Herzog, abgebende Mutter)

Abgebende Mütter haben es am schwersten, wenn sie ihre früher freigegebenen oder fortgenommenen Kinder suchen wollen. Sie haben – im Gegensatz zum Adoptierten – kein verbrieftes Recht auf Information. Sie haben – im Gegensatz zu den Adoptiveltern – keinerlei Papiere. Sie haben – im Gegensatz zu allen anderen Beteiligten – ein sehr getretenes Selbstwertgefühl.

Sie haben gar nichts, und sie sind nur auf die Hilfs- und Verständnisbereitschaft anderer Menschen angewiesen. Treffen sie dann noch auf einen „Siegelverwahrer", der meint, seine ganze „Pädagogik" an ihnen austoben zu müssen, ist für sie das Ende der Suche gekommen, noch bevor sie richtig begonnen hat.

So hat einmal ein Jugendamtsgewaltiger einer schwer krebskranken Mutter, die vor ihrem (sicheren!) Tode noch einmal die inzwischen 22-jährige Tochter wiedersehen wollte, geschrieben:

„Prüfen Sie bitte selbst, was Sie zu der jetzigen Bitte – oder sollen wir besser Sache sagen – veranlasst. Ist es Sehnsucht nach dem Kind, das Sie einmal geboren haben, sind es Schuldkomplexe, ist es vielleicht Einsamkeit? Es werden uns sicher noch viele, viele Gründe einfallen ... Es stellt sich die Frage, ob es neben der Reue und dem Verlangen nicht noch andere Werte gibt, die das Leben lebenswert und vielleicht auch freudig gestalten lassen. Versuchen Sie bitte für sich selbst, diese Werte wiederzufinden ... Besinnen Sie sich auf Ihre nähere Umgebung ... und sie werden ganz sicher feststellen, dass es Sinnvolleres als die Suche nach einer Vergangenheit oder besser nach einer sicher nur noch imaginären Wiedergutmachung einer Vergangenheit gibt ..."

Meine Interventionen werden im gleichen Stil abgeschmettert: „Was würde Frau K. Wissen über ihr erstes Kind nutzen, gar ein Bild von ihm? Sicherlich nichts ... Sie sprechen von einem moralischen Recht. Uns ist dieser Begriff zu schwammig. Es gibt aber andere Begriffe, die hier speziell angebracht wären: Der Begriff Demut oder Bescheidenheit ..."

Für diese Mutter endeten hier alle Wege! Der Sozialamtmann fühlte sich – wie ich später auf Umwegen erfuhr – mit dieser in Kitsch verpackten Abfuhr „völlig im Recht!"

„Im Recht“ sind alle, die Müttern den Zugang zu ihren früher abgegebenen Kindern verweigern – aber nur im streng juristischen Sinne. Ob es so etwas wie ein moralisches Recht gibt, weiß ich nicht – auf alle Fälle gibt es Nächstenliebe, die gebietet, einem jeden Menschen in Not zu helfen – und ihn nicht mit dummen Sprüchen abzuspeisen! (Zumal wenn man als Fachmann/Fachfrau weiß, mit welchen Gewinnungsmethoden manche Mütter um ihre Kinder gebracht wurden und ab und zu auch heute noch werden!)

Natürlich haben Adoptierte das Recht, ein persönliches Kennenlernen der Mutter, der Eltern abzulehnen (ebenso wie es die leibliche Mutter umgekehrt auch hat!) – aber erst an diesem Punkt der Suche darf es zu einem „Nein“ kommen – nirgends vorher und durch niemand anderen als durch die beiden direkt Beteiligten.

Kindessuche ist die längste Suche. Für manche Mutter beginnt sie mit dem Tag, an dem sie ihr Kind „losgeworden“ ist. Ich benutze diesen Begriff sehr bewusst und nicht als Provokation.

Frauen, die sich bewusst und positiv zu einer Freigabe entschlossen haben, haben zwar auch Probleme mit dem Abschied und mit ihren Schuldgefühlen, aber sie können sich besser damit auseinander setzen. Je weniger eine Frau an der eigentlichen Freigabeentscheidung beteiligt war, um so eher und intensiver wird sie suchen!

Hier zeigt sich erneut eine Parallele zu den suchenden Adoptierten: Je negativer das gesamte Verfahren verlaufen ist, um so mehr wird nach den biologischen Zusammenhängen und den biologischen Verwandten gesucht! Der unglückliche Adoptierte sucht die Mutter; die im Vermittlungsverfahren verprellte Mutter sucht ihr Kind – und beide sind dabei ausdauernd, hektisch oft, manchmal auch extrem.

Im Folgenden schildere ich einige „Fälle", die zeigen, wie Mütter „zu allen Zeiten" suchen: ab Freigabedatum bis zu 36 Jahren nach der Adoption!

Panik

- Als Frau Br. vor 12 Jahren ihre kleine Tochter zur Adoption „frei" gab, befand sie sich in einer Ausnahmesituation. Ihr Partner, der Kindesvater, mit dem sie seit mehreren Jahren zusammengelebt hatte, begann sie während der Schwangerschaft zu schlagen und zu misshandeln. Die Attacken steigerten sich von Monat zu Monat. Nach der Entbindung entschied Frau Br., nicht mehr in die gemeinsame Wohnung zurückzukehren. Sie hatte nicht nur Angst um sich selber, sondern auch um das Kind. Ihre persönlichen Dinge ließ sie sich von Freunden aus der Wohnung holen, auf alles andere verzichtete sie aus Angst.

Aber der Abstand half nichts: Er stellte ihr nach, bedrohte sie, verfolgte sie, lauerte ihr überall auf. Sie war nur noch in Panik und konnte keinen Moment ihr Baby aus den Augen lassen aus Angst, der Vater taucht plötzlich auf und entführt es.

Nach mehreren Wochen war sie physisch und psychisch „am Ende". Sie wandte sich hilfesuchend an das örtliche Jugendamt, das aufgrund der nichtehelichen Geburt damals ohnehin die Pflegschaft hatte. Dort kannte man nur eine Lösung: Die Adoption! Ist das Kind erst einmal fort, braucht die Mutter auch keine Angst mehr zu haben, es zu verlieren!

Erstberatung, Kindesbesichtigung durch die Adoptivbewerber und die Unterschrift vor dem Notar – alles in einer Woche, in der Frau Br. nach wie vor in höchsten Ängsten schwebte (die Polizei wäre die angemessenere Lösung gewesen!) –, dann war es vorbei. Das Problem der befürchteten Kindesentführung war gelöst – das Kind war weg! Frau Br. „genoss" ganze 24 Stunden die Angstfreiheit – und dann wurde ihr bewusst, was geschehen war ...

Sie sah ihre Tochter nie wieder!

Sie verbrachte viele Monate in tiefster Depression – teilweise in psychiatrischer Behandlung. Danach war sie so weit wiederhergestellt, dass sie in der Lage war, ins Jugendamt zu gehen, um zu fragen, *was* seinerzeit *warum* und *wie* eigentlich entschieden worden war. Die Gespräche waren (wie in diesen Fällen immer!) lapidar und von billigstem Trost: Sie sei noch jung, sie könne doch noch weitere Kinder bekommen ... Sie solle sich nun auf die Zukunft und nicht mehr auf die Vergangenheit konzentrieren ... ihr Kind habe es gut bei seinen neuen Eltern ...

Frau Br. lebte die nächste Zeit „wie gelähmt". Gleichzeitig begann ihre gedankliche Beschäftigung mit der Suche nach dem Kind. Sie hatte nicht die Kraft und nicht den Mut, offensiv zu suchen – zumal sie immer wieder an ihr Kind dachte, von dem sie befürchtete, dass ein Einmischen ihm schaden könnte!

Frau Br. lebt heute mit Mann und zwei Töchtern 700 km entfernt vom Ort des damaligen Geschehens. Die älteste Tochter lebt mit in dieser Familie – im Geiste! Alle Familienangehörigen wissen, dass es noch ein Familienmitglied „woanders" gibt und alle sind sich einig: Wenn die 18 Jahre herum sind, dann wird gesucht! Und gefunden! Und alle sind sich sicher: Sie werden sich mögen und der Mutter wird es besser gehen!

Frau Br. sagt von sich: „Eigentlich bin ich laufend auf der Suche. Kein Jahr hat es mich verlassen: Ich sehe heute noch Mädchen an, die in diesem Alter stehen und sage mir: So mag sie nun aussehen. Ob sie es wohl sein könnte? Kein Mädchengesicht lässt mich unberührt und wenn ich ganz in Ruhe einem Mädchen gegenübersitze – im Zug oder im Bus – forsche ich in ihren Gesichtszügen: Ist da was von mir oder von ihrem Vater? – Heute kann ich das in Ruhe tun, noch vor ein paar Jahren bin ich in Panik geraten, wenn ich glaubte, Ähnlichkeiten gefunden zu haben."

Geplante Entführung

• Frau Z. war bereits fünffache Mutter (alle Kinder waren gewollt!), als sie einen neuen Mann kennen lernte, den sie bald liebte und der ihr die Ehe versprach. Allerdings – so seine Order – solle sie erst einmal Ordnung in ihr Leben bringen! Es waren ihm zu viele Kinder von zu vielen Vätern. Er wolle „ganz neu anfangen!"

Er setzte ihr zu, er bedrängte sie. Zur gleichen Zeit bedrängte auch das Jugendamt die Mutter, das fand (wie Jugendamtsmitarbeiter nicht selten finden!), dass fünf Kinder von drei Vätern unanständig, verantwortungslos, triebhaft und – für die öffentliche Hand – zu teuer sind.

Die beiden Jüngsten waren vier Monate und vier Jahre alt, als die Mutter davon „überzeugt" wurde, dass sie mit fünfen und einer neuen Partnerschaft und einer erneuten Schwangerschaft überfordert sei und ihren Kindern nur schade. Eine Adoptionsfreigabe als Lösung lehnte Frau Z. vehement ab.

Dann sollten die beiden Kinder doch „erstmal zur Pflege", fand die Sozialarbeiterin – und Frau Z., nun unter Druck, unterschrieb. Damit alles seine Ordnung hatte, unterschrieb sie gleich auch noch vor dem Notar – und war sich sicher: Die Kinder sind in einer Pflegestelle. Das waren sie auch – allerdings in einer sogenannten Adoptionspflegestelle. Frau Z. brachte die Kinder ins Jugendamt, wo sie abgeholt werden sollten, kehrte nach Hause zurück – und fand, dass sie mit den beiden leeren Kinderbetten nicht gut leben könne. Am nächsten Tag ging sie wieder ins Jugendamt und forderte ihre Kinder zurück. Aber nichts ging mehr! Auch Frau Z. sah ihre Kinder nie wieder.

Erstmal nicht!

Sie hatte jedoch einige Fakten in den Gesprächen der vermittelnden Sozialarbeiterin herausgehört, aus denen sie sich zusammenreimte, in welchem Landkreis die Kinder waren. Es war der flächenmäßig größte der BRD.

Frau Z. gebar ihr sechstes Kind, konnte aber dennoch den Verlust der Kinder nicht verwinden (wie es manche Vermittler meinen, raten zu müssen: Ein neues Kind und alles wird wieder gut!)

Zwei Jahre später lieh Frau Z. sich ein Auto, steckte sich Fotos der Kinder in die Tasche und fuhr von Kleinstadt zu Kleinstadt, von Dorf zu Dorf, von Kneipe zu Kneipe, von Bäcker zu Bäcker, von Haus zu Haus . . .

Nach genau neun Monaten hatte sie ihre Kinder gefunden! Sie wusste die Adresse der Eltern. Sie beobachtete – hinter Bäumen stehend – das Haus.

Später rief sie die Adoptiveltern an und erkundigte sich nach dem Ergehen der Kinder (im Jugendamt war sie immer nur mit Plattitüden abgespeist worden: „Es geht ihnen gut!"). Die Adoptivmutter erzählte ihr mehr von den Kindern, u. a. auch, dass der „Große" damals längere Zeit unter einem „Trennungsschock" gelitten habe und wieder begann, einzunässen. Sie waren dann mit ihm in psychotherapeutische Behandlung gegangen.

Vielleicht, so sagte die Adoptivmutter ihr zu, käme sie sie einmal mit den Kindern besuchen. Das geschah aber nicht, Frau Z. wartete viele Monate, ohne ein Lebenszeichen zu erhalten. Sie rief wieder an – und erfuhr, dass der Adoptivvater den persönlichen Kontakt nicht wünsche. Daraufhin griff Frau Z. zur Selbsthilfe: Sie ging zum Rektor der Schule und ließ sich unter einem Vorwand (Tante auf Durchreise) ihren Sohn zeigen. Dieser – sehr hilfsbereit – ließ den Sohn aus der Turnhalle holen. Er habe doch immer mal die richtige Mutter kennen lernen wollen, sagte Frau Z. zu ihm. Nun stehe diese vor ihm. „Ich bin deine Mutter. Geht es dir gut?" „Ich habe dich nur deswegen hergegeben, dass es dir sehr gut geht!"

Später sagte Frau Z. mir, dass sie es selber nicht gut fand, aber es hätte „etwas geschehen müssen". Sie habe einen Stein ins Rollen bringen wollen. Sie sei mit dieser ganzen Geschichte nicht fertig geworden.

Nach weiteren Monaten ging Frau Z. noch einmal zum Haus der Adoptiveltern. Die Kinder spielten beide draußen und der Sohn habe seine Mutter sofort erkannt.

„Bist du mir böse?", hat sie ihn gefragt. „Nein." „Bist du traurig?" – In dieser Minute kam der Adoptivvater dazu und herrschte den verwirrten Jungen an: „Jaja, bei uns geht es dir ja auch schlecht!" Dann zog er beide Kinder ins Haus.

Das war das (bisher) letzte Sehen. Frau Z. entschloss sich jedoch zu diesem Zeitpunkt, ihre Kinder zu entführen.

Als sie mich anrief, um mir diesen „Stand der Dinge" zu übermitteln (ich hatte seinerzeit nur Kontakt zu ihr, als es um die Fortnahme der Kinder ging und wusste von ihrer ganzen Suche-Aktion nichts!), habe ich ihr in aller Deutlichkeit klar gemacht, was das bedeuten würde: Kindesentführung, Strafverfahren, unsicherer Ausgang, vorbestraft sein . . .

Dass Frau Z. sich „im Recht fühlte", konnte ich verstehen. An Paragraphen gemessen war sie jedoch im Unrecht.

Das war ihr vorher nicht klar. Sie wollte es sich nun noch einmal überlegen . . . ließ sich jedoch dann überzeugen, dass sie all ihren Kindern Schaden zufügen würde, wenn sie diesen Weg ginge.

Sie weiß aber ganz genau: Wenn der Große 18 ist, „dann hole ich ihn mir wieder!"

„Ich leide und trauere um dich . . ."

• Erika G. hat vor inzwischen 18 Jahren ihre erste Tochter zur Adoption freigegeben. Es war das geradezu „klassische" Muster: Kindesvater zeigt „kein Interesse", Eltern fühlen sich nicht verantwortlich – nur das Jugendamt weiß „die" Lösung: Adoption:

„Dann redete sie. Sie sprach sehr viel, sagte etwas von Adoption. Es wäre das Beste. Die Adoptiveltern hätten alles, was ich nicht habe: Geld, Garten, Zeit. Und sie würden sich über ein so kleines Baby freuen. Ich könnte ja später weitere Kinder bekommen und würde diese Angelegenheit dann schnell vergessen . . . Sie wollte mich mit schönen Worten fangen . . ."

Frau G. ließ sich fangen – sie hatte nichts entgegenzusetzen, weder Geld noch Garten noch Zeit!

„Nach drei Jahren wurde meine zweite Tochter geboren, nach weiteren drei Jahren kam das dritte Mädchen zur Welt . . . Habe ich nun drei oder zwei Kinder? . . .

Es waren sieben bis acht Jahre vergangen, seitdem meine große Tochter geboren war. Da entdeckte ich zufällig den Brief vom Jugendamt wieder. Am Tag darauf stand ich in einem Bücherladen und fragte nach einem Buch über Adoption . . . Ich spürte, dass ich noch etwas beim Jugendamt zu erledigen hatte und dass so vieles nicht besprochen war. Ich musste zum Jugendamt, um zu fragen, wie es meiner Tochter ginge. Diesmal würde ich kämpfen, um etwas von meinem Kind zu erfahren ...

Ich ging zum Jugendamt. Diese Wege kosteten mich immer sehr viel Kraft. Immer wieder kam das Bild in mir hoch, dass ich vom Jugendamt einfach nur gebraucht worden war, um ein Kind für Adoptiveltern zu beschaffen.

...Dort saß auch immer noch dieselbe Frau ... inzwischen älter geworden, konnte sie aber immer noch so herrlich reden. Es war genau so wie damals. Aber ich war stärker geworden.

Ich fragte nach Bildern und nach meiner Tochter. Ich wollte wissen, wie es ihr geht, wie sie aussieht ..."

Frau G. schloss sich bald darauf einer Selbsthilfegruppe abgebender Mütter an. Dort machte sie die Erfahrung, dass sie alle die gleichen Schicksale hatten, dass vielen von ihnen Unrecht geschehen war, das sich später nicht wieder gutmachen ließ. Sie wird sicherer durch diese Begegnungen, sie kann das erste Mal über die Freigabe sprechen – auch zu Freunden, die bisher nichts davon wussten: „Ich habe drei Kinder. Das zu sagen, habe ich all die Jahre nie zu sagen gewagt!" Sie begann mit einer Psychotherapie – brauchte allerdings (wie viele andere Frauen in der gleichen Situation) mehrere Anläufe, bis sie eine Therapeutin fand, die mit dem Thema „Freigabe" umgehen konnte.

Nach „unzähligen Briefen und immer wiederkehrenden Kämpfen" im Jugendamt (es dauerte mehrere Jahre!) erhielt Frau G. von ihrer Tochter ein Babybild – das lang erkämpfte! Inzwischen war die Tochter schon über 10 Jahre alt. Frau G. spricht mit ihren anderen Kindern über die große Schwester. Sie zeigt ihnen das Foto – aber sie kann ihnen noch immer nicht erklären, wo die Schwester ist.

„Ich weiß aber und habe ein gutes Gefühl dabei, dass du,

meine Tochter, irgendwann einmal Interesse an mir haben wirst und du dich dann meldest. Wann das sein wird, weiß ich auch nicht, aber wir haben die Hoffnung, dass du uns, deine Geschwister, deinen Vater und mich kennen lernen möchtest. Dein Bild habe ich in einen Bilderrahmen getan. Er steht auf meinem Schreibtisch. So sind alle drei Mädchen auf den Bildern zusammen. So kann ich wenigstens mit dir sprechen und dir in die Augen sehen. Es ist so wichtig für mich. Noch heute ist der Wunsch nach einem Bild da, wie du heute aussehen magst . . . Immer wieder spüre ich Schmerz und Trauer. Ich stelle weitere Fragen an das Jugendamt . . .

Von Seiten der Adoptivstelle kommt so gut wie gar nichts. Ich erscheine aber immer noch dort und gebe meine Briefe und Bilder ab – von mir und den Kindern . . . Dieses Jahr wird sie 18. Wenn sich weiter nichts bewegt, werde ich Sie bitten, mir zu helfen, meine Tochter zu finden!"

Kurz nach dem 18. Geburtstag geht die Tochter selber zum Jugendamt. Sie weiß über ihre Adoption Bescheid, die Adoptiveltern sollen jedoch nicht wissen, dass sie die Mutter sucht.

Dann geht alles sehr schnell. Für die Sachbearbeiterin gibt es keine Entscheidungsprobleme: Es liegen die Briefe, Bilder und Bitten der Mutter bei den Akten, das heißt, dass sie nicht nur einverstanden ist mit einer Kontaktaufnahme, sondern diese sogar dringend wünscht.

Sehr schnell wächst dieses Mädchen nun als Älteste in seine Stammfamilie hinein – ohne die Adoptivfamilie zu verlassen. Alle Beteiligten erleben das Miteinander als liebevoll, entspannt und harmonisch. Die Mutter betätigt sich nach diesem mit Zähigkeit errungenen Erfolg weiterhin in ihrer Selbsthilfegruppe und mischt sich auch in öffentliche Diskussionen ein, wenn es um Fragen der Adoption geht.

Sie selber hat aus diesem Kampf um ihr Kind viel gewonnen, wenn gleich immer auch die Wehmut um die Jahre bleibt, die sie mit ihrer ersten Tochter nicht gemeinsam verbringen konnte.

Nach 21 Jahren

● „Wir hatten uns vor dem alten Rathaus an dem kleinen Brunnen verabredet. Der ist so klein, dass man sich dort nicht verpassen kann. Ich war schon lange vorher da. Ich hatte es vor Nervosität zu Hause nicht mehr ausgehalten. Ich bin hektisch hin- und hergerannt, habe immer auf die Uhr geguckt. Wenn sie bloß kommt, wenn ich sie bloß nicht verpasse, wenn sie es sich bloß nicht anders überlegt hat, wenn nur ihre Adoptiveltern nicht plötzlich einen Rückzieher gemacht haben.

Ich sollte nach 21 Jahren meine Tochter wiedersehen, die ich im Alter von zwölf Tagen abgegeben hatte. Und die ich nicht einen Tag in meinem Leben vergessen konnte. Die Adoptionsvermittlungsstelle hatte für mich den Kontakt hergestellt und ich war selig, als ich die Zusage und den Termin bekam. Wir hatten als Erkennungszeichen ausgemacht, dass jede von uns eine rosa Rose in der Hand halten sollte. So ein Kitsch – aber im Grunde war alles Kitsch, alles. Ich wusste aber, dass ich die Rose nicht brauche, um meine Tochter wiederzuerkennen. Ich war mir sicher: Ich werde es spüren, dass sie es ist. Als es schon fünf Minuten über die Zeit war, war mir fast schlecht vor Angst. Und da sah ich sie auf der anderen Straßenseite – sie stand am Zebrastreifen und wartete, dass sie rüber konnte. Ich wusste sofort, dass sie es ist. Auf die Rose habe ich erst geachtet, als sie vor mir stand.

Wir sahen uns an, als sie langsam auf mich zukam. Ich war nicht in der Lage, auch nur einen Schritt zu tun. Ich war wie versteinert. Ich glaube, sogar mein Herz hatte aufgehört zu schlagen.

Dann stand sie direkt vor mir und sagte nur: ‚Mutter!'

Und da war es mit meiner Fassung vorbei. Wir fielen uns beide in die Arme und haben uns festgehalten, ohne ein einziges Wort zu sagen. Plötzlich fing ich an – das merkte ich erst später – sie ganz langsam zu schaukeln, und sie hat es sich gefallen lassen. Und dann haben wir uns losgelassen – nach einer Ewigkeit. Wir waren beide völlig verheult und schnieften. Darüber mussten wir dann so lachen. Und dann musste ich meine Tochter gleich um was bitten: Ich habe doch nie Taschentücher bei mir. Wir haben uns dann beide lauthals geschnäuzt und darüber mussten wir wieder lachen. Und dann sagte meine praktische Tochter: ‚So, und was machen wir nun?' So, als ob wir uns gerade mal eben nach dem Einkaufen in der Stadt getroffen hätten!"

Das schwächste Glied in der Kette

Vom Tag der Freigabe an bis 36 Jahre danach reicht die Palette der „Fälle" von Suchen, in die ich im Laufe der Jahre involviert war. Es ist eine ungeheure Spannbreite, die auch zeigt, dass Adoption für (fast) alle ein Lebenszeit-Thema ist und nicht ein Abgabe- und Verwaltungsakt am Beginn eines Lebens.

Es waren Mütter, die zu finden hoffen und Mütter, die (fast) widerrechtliche Schritte einleiten, um die Kinder zu sehen; Mütter, die in ihrem „Kind" das Pendant finden, den ebenfalls Suchenden und Hoffenden, der alle Bedürfnisse teilt, und Mütter, die noch über viele Jahre ringen müssen mit den Konflikten, die durch die unterschiedlichen Erwartungshaltungen entstehen!

Es gibt auch viele Mütter, die *nicht* suchen. Die einen haben Angst, Fehler zu machen, die Familie, das „Kind" zu stören; die anderen sind von ihrer Rechtlosigkeit im juristischen und moralischen Sinne so überzeugt, dass sie es nie wagen würden. Sie würden sich aber nur allzu gerne finden lassen.

Sicher gibt es unter ihnen auch Mütter, die weder an Suche noch am Finden interessiert sind. Für sie ist die ganze „Geschichte" abgeschlossen. Sie verhalten sich so, wie es für sie in dem ganzen Arrangement einer Inkognito-Adoption vorgesehen ist: Mit der Unterschrift ist alles abgeschlossen. Das sind die Mütter, die alleine mit der Maßnahme einverstanden sind und gut damit leben können! Es sind allerdings die Ausnahmen! Diese vorgebliche „Interesselosigkeit" wird ihnen jedoch von allen Seiten übel genommen – nach dem Motto: „Na, bitte! Da sieht man es ja . . ."

Ich habe nie eine abgebende Mutter getroffen, die überzeugt und überzeugend von sich sagen konnte: „Für mich ist diese Episode Geschichte. Ich habe es damals so gewollt. Es war auch für mich eine gute Entscheidung und ich konnte gut damit leben. Ich möchte auch nichts wieder aufleben lassen!"

Wenn mir von Betroffenen gesagt oder geschrieben wird, dass die Mutter gefunden sei, aber keinerlei Interesse gezeigt habe, dann wird bei wenigem Nachfragen immer schnell deutlich, wo das Kernproblem liegt (siehe dazu auch Kapitel: „Wenn Suche misslingt . . ."). Oft bedürfte es in solchen Fällen nur einer geduldigen Hilfe von außen, der pädagogischen Vermittlung, der „Übersetzungsarbeit" zwischen den beiden, die nicht zueinander kommen können!

Abgebende Mütter haben beim ganzen Suche-Verfahren

Angst – genauso wie die beiden anderen beteiligten Parteien:

Wird es mir noch in irgendeiner Weise „gehören"? Wird es noch Ähnlichkeiten geben? Ist irgendetwas von mir, von dem Vater noch vorhanden, das weitergetragen werden wird? Wird das „Kind" mich wollen, mich mögen? Oder wird es seine Neugier stillen, sich abwenden, mich verleugnen?

Wird es einer Schicht, einem Menschenschlag, einer Gruppe angehören, die mich verachtet?

Fast immer geht es gut! Für viele setzt eine Zeit von Glück ein, die immer aber verbunden ist mit Vergangenheitsbewältigung, Trauer, Verlust, Wut, Unsicherheit.

Mütter haben die geringsten Chancen in diesem ganzen Adoptionsspiel. Die weitere Entwicklung dieser sozialen Maßnahme wird zeigen, ob sie nur durchführbar ist, wenn mindestens eine Beteiligtengruppe „auf der Strecke" bleibt. Mit vorsichtiger „Öffnung" haben wir indes gute Erfahrungen gemacht.

Betrachten wir die derzeitige Diskussion um Babyklappen und anonyme Geburt, die auf den unterschiedlichsten Ebenen – nur nicht auf der Ebene „Adoption" – geführt wird, werden wir *drei* Verlierergruppen haben: die abgebenden Mütter, die Findel- bzw. Adoptivkinder und die Adoptiveltern!

Suchende Adoptivmütter

Sehr seltene Ausnahmen dürften es sein, wenn Adoptivmütter sich auf die Suche nach den leiblichen Müttern ihrer Adoptivkinder machen. Dennoch soll diese Konstellation der Vollständigkeit halber erwähnt werden.

• In zwei Fällen – beides waren männliche Adoptierte! – ergriffen die Adoptivmütter die Initiative. In einem Fall fand die Mutter, die sehr aufgeschlossen und über Adoption belesen war und die eine Selbsthilfegruppe für Adoptiveltern ins Leben gerufen hatte, dass ihr 18-jähriger Sohn nach Volljährigkeit doch nun suchen müsse. Er aber wollte nicht. Ohnehin phlegmatisch, war er mit seiner Situation zufrieden und sah keinen Grund in dem Ansinnen seiner Mutter. Sie drängte . . . und als er sie wissen ließ, dass ihn das ganze Thema nicht interessieren würde und sie ihn endlich in Ruhe lassen solle, suchte und fand sie die leibliche Mutter selber.

Die beiden Frauen waren sich auf Anhieb sympathisch, trafen sich über eine Distanz von fast 400 km regelmäßig, tauschten sich aus. Einziges Gesprächsthema: der gemeinsame Sohn. Sie betrachteten alte Fotoalben und warteten darauf, dass er seine Bereitschaft zum Kennenlernen kundtun würde. Zwei Jahre nach dem Kennenlernen der beiden Frauen hatte er jedoch noch kein entsprechendes Interesse bekundet.

Zu deuten wäre dieser seltene Fall in zweierlei Richtungen: die Mutter, die überbehütend *alles* für den Sohn regelt – ob er nun will oder nicht – oder die Mutter, die „es" nicht abwarten kann, die die Initiative lieber selbstbestimmt und „kontrolliert" in die Hand nimmt, um nicht eines Tages mit der fremden Frau überrascht zu werden.

Diese Mutter handelte aus eigenem Interesse und ohne professionelle Hilfe. Von einer solchen Suche müßte dringend abgeraten werden . . . es sei denn, der (gemeinsame) Sohn wäre in keiner Weise davon tangiert.

• Im zweiten Fall suchte eine Adoptivmutter die leibliche Mutter ihres Sohnes, weil sie sich aus dem Kennenlernen der beiden eine Hilfe bei der Bewältigung der Drogensucht des 17-jährigen Jungen versprach.

Das Wiederfinden und die folgenden Jahre wurden für alle Beteiligten, die keine professionelle Beratung suchten, zu einem Desaster. Die Adoptiveltern erklärten sich nach dem ersten Treffen zwischen Sohn und leiblicher Mutter für nicht mehr zuständig – sie hatten das Kind sozusagen zurückgegeben. Die leibliche Mutter war überrollt und völlig überfordert. Sie hatte in ein Treffen eingewilligt und hatte sich gefreut, wusste allerdings nicht, in was sie einwilligte und was auf sie mit dem drogensüchtigen Sohn zukam. Ihr Leitempfinden waren Schuldgefühle. Weil *sie* das Kind fortgegeben hatte, weil *sie* keine gute Mutter war, weil *sie* versagt hatte . . . hatten die Adoptiveltern so große Erziehungs- und der Sohn Suchtprobleme.

Der Sohn erkannte die neue Situation sehr schnell und nutzte sie für seine Zwecke. Er pendelte zwischen beiden Elternhäusern und „erpresste" beide um Geld zur Befriedigung seiner Sucht. Weil sowohl die Adoptiveltern als auch die abgebende Mutter sich immer mehr in „Schuld" und Rechtfertigung verstrickten, bekam der Sohn mehr und mehr Macht. Keiner der Beteiligten war gewillt und in der Lage, Hilfe zu suchen. Die Adoptiveltern als Geschäftsleute in einer Kleinstadt scheuten den Skandal – zumal niemand wusste und auch nicht wissen sollte, dass dieser Sohn „nur" ein Adoptivkind war. Die leibliche Mutter war so überfordert, dass sie sich immer mehr in eine vermeintliche Wiedergutmachung durch Zuwendungen aller Art flüchtete, und der Sohn hatte keine Veranlassung, die beiden lukrativen Geldquellen einer Drogenberatung zu opfern.

Eine professionelle Suche über die vermittelnde Behörde hätte in diesem Fall früh genug wirksam eingreifen können: Das Wiederfinden eines Menschen könnte *vielleicht* eine Drogentherapie zum geeigneten Zeitpunkt *stützen*, sie jedoch nie ersetzen.

Zur Technik der Suche

Die Adoptierten

Laut Urteil des Bundesverfassungsgerichtes, des Personenstandsgesetzes und der internationalen Gesetzgebung hat *jeder* Mensch ein Recht auf Wissen über seine Abstammung. Das betrifft Adoptierte ebenso wie nichtehelich Geborene und künstlich erzeugte Menschen.

Nach diesen Gesetzen ist jede Behörde gehalten, dem Auskunftssuchenden Rede und Antwort zu stehen. Jugendämter können (und dürfen!) also nicht erst abwägen, ob eine Auskunft pädagogisch sinnvoll ist. Akteneinsicht im engeren Sinne muss nicht gewährt werden. Das „Wie" liegt in dem Ermessen des Sachbearbeiters, das „Wie viel" zu welcher Zeit ebenfalls – das „Ob" nicht!

Adoptierte, die sich anschicken, ihre leiblichen Eltern zu suchen, sind oft ratlos, wie sie dabei vorgehen können. Es gibt nicht *den* Weg, der Erfolg verspricht, und es gibt auch keine Garantie, dass die Suche mit dem erwünschten Erfolg endet. Die Beispiele in diesem Buch zeigen, wie schnell oder wie langsam, wie erfolgreich oder erfolglos alle Mühen zu einem Ende führen – und welche Umwege über viele Jahre oft nötig sind. Zunächst benötigt der Adoptierte seine Geburtsdaten und alle Unterlagen, die es bis zu seiner Adoption gab. Das sind *auf alle Fälle:*

- Geburts- und/oder Abstammungsurkunde;
- Taufschein;
- Impfschein;
- Annahmeurkunde/Adoptionsvertrag.

Manchmal erfolgten noch Briefwechsel der Adoptiveltern mit der Vermittlungsstelle, den Behörden, dem Notar – selten auch mit Angehörigen des Kindes. Diese Unterlagen sind das *Ausgangsmaterial!*

Ich habe inzwischen zahlreiche erwachsene Adoptierte kennen gelernt, die darüber klagten, dass ihre Adoptiveltern über keinerlei Unterlagen verfügen. Ich habe in allen Fällen gesagt: *Das stimmt nicht!* (Es sei denn, sie seien irgendwann geflüchtet, ausgebombt oder total abgebrannt.) Adoptiveltern verfügen *immer* zumindest über Geburts- bzw. Abstammungsurkunde und haben *immer* die Adoptionsurkunde in Händen. Wenn sie Gegenteiliges behaupten, wollen sie die Suche ganz offenbar ver- oder behindern.

Die einzigen Ausnahmen finden sich bei Auslandsadoptionen, wenn sie im Zusammenhang stehen mit Kriegen (siehe Korea und Vietnam) oder mit Kinderhandel. Ausnahmen gibt es ebenfalls bei Findelkindern aus dem In- und Ausland – und in Zukunft bei Kindern, die in Deutschland aus „Babyklappen" stammen und „anonym" geboren wurden. (Vgl. dazu Kapitel „Babyklappen ...")

Die oben genannten Unterlagen weisen den Ort aus, an dem die Kindesmutter seinerzeit entbunden hat, und dieser Ort ist nicht selten derjenige, an dem die Mutter auch 18, 20, 30 Jahre später noch wohnt. Sie ist also im *Einwohnermeldeamt (Ordnungsamt)* registriert – oder aber ihre Kartei weist auf, wann sie wohin umgezogen ist. Dort gilt es dann mit der Suche fortzufahren.

Die Adoptionsunterlagen belegen, welches *Jugendamt* zuständig war und in welchem *Vormundschaftsgericht* die Adoption vertraglich festgelegt wurde. Diese beiden Behörden haben *immer* Unterlagen. Adoptionsakten müssen 30 Jahre lang aufgehoben werden, so dass Adoptierte, die unter 30 Jahre alt sind, darauf vertrauen können, dass ihre Papiere noch zugängig sind.

Bei wem die Adoption länger als 30 Jahre her ist, braucht aber nicht gleich von vornherein aufzugeben. Aus Zeit- und Personalmangel bleiben Akten oft auch länger liegen! Jugendämter, die sachgemäß und sorgfältig gearbeitet haben (was nicht in jedem Fall festgestellt werden kann), haben auch den Kindesvater ermittelt und könnten Auskunft über weitere Anverwandte geben – geht es doch bei einer korrekten Vermittlung auch darum abzuklären, ob nicht Verwandte das Kind bei sich aufnehmen können oder wollen.

In allen Fällen – bei allen Behörden – muss bei der Bitte um Auskunft das „berechtigte Interesse" nachgewiesen werden. Damit sichern sich Behörden gegen Missbrauch ab. Es könnte sonst ein jeder oder eine jede kommen und Auskünfte über den Verbleib einer Person und über ihre Vergangenheit fordern . . . weil er noch eine „offene Rechnung" zu begleichen ist.

Das berechtigte Interesse wird durch die Vorlage der Dokumente und des Personalausweises bzw. Passes nachgewiesen.

Jugendämter haben die *alten* Daten, Einwohnermeldekarteien verfügen über den alten Stand (der manchmal auch noch der aktuelle ist) und über „Bewegungen" des Einzelnen. Ist ein Mensch umgezogen, muss er sich ab- und an der neuen Adresse wieder anmelden. Auf diese Weise lassen sich in manchen Fällen die Spuren verfolgen.

Ist jemand jedoch umgezogen, ohne sich ab- und anzumelden oder hat eine Frau an der neuen Adresse geheiratet und den Namen des Ehemannes angenommen, ist die Spur meistens verwischt.

In diesem Fall können auch Behörden nicht mehr helfen. Dann können die weiteren Unterlagen von Nutzen sein.

So stehen z. B. auf jedem Taufschein die beiden Paten mit vollem Namen, meistens dem Beruf und immer der Herkunftsstadt. Sie sind weitere potentielle Auskunftgeber, denn meistens sind/waren es Verwandte oder Freunde der Mutter, der Eltern, die zur Patenschaft gewählt wurden. Häufig bestehen noch Kontakte über diesen langen Zeitraum oder sie wissen zumindest aus der Zeit nach der Taufe etwas über Weiterentwicklungen, Umzüge, Heiraten, auch Todesfälle. Sie sind ein weiteres Teil im Puzzle.

In diesem Zusammenhang muss gesagt werden, dass Angehörige und Freunde nicht immer von der Adoption wissen, dass der Suchende also einerseits vorsichtig bei Anfragen vorgehen, zu Informationen und Offenlegung seiner Unterlagen bereit sein muss, dass er andererseits aber auch bedenkt, vielleicht „Schäden" anzurichten.

Dieses Wissen sollte zu Vorsicht und Diplomatie führen, nicht jedoch zur Aufgabe der Suche.

Auch Pfarrämter, in deren Wirkungsbereich Mütter gewohnt haben, können weiterhelfen, tun es öfter auch und fast immer mit hoher Sensibilität und dem entsprechenden Einfühlungsvermögen.

Die beiden letzten Hilfs- und Auskunftsmöglichkeiten gelten bis auf sehr wenige Einzelfälle nicht für die ehemalige DDR. Taufen fanden so gut wie nicht mehr statt und Kirchengemeinden spielten keine oder eine so untergeordnete Rolle, dass sie als Anlaufstellen nicht in Frage kommen.

Sind die leiblichen Eltern nicht mehr am Ort von Geburt und Freigabe des Kindes, so sind es öfter doch die Großeltern (in einer gut geführten Adoptionsakte sollten sie angegeben sein!). 1991 bat mich eine junge Frau, die ich vor 20 Jahren selber zur Adoption vermittelt hatte, um Mithilfe bei der Suche. Ich wusste nur noch, dass die Mutter einen anderen Mann als den Kindesvater geheiratet hatte und mit ihm in eine andere Stadt gezogen war. Ein Blick ins Telefonbuch zeigte aber, dass der Großvater noch genau an der gleichen Adresse wohnte wie vor 20 Jahren. Und dieser hatte noch einen losen Kontakt zu seiner Tochter, zur gesuchten Mutter.

Die leiblichen Großeltern – insbesondere die Großmütter – haben und hatten oft erheblichen Anteil an der Fortgabe des Kindes, scheuten die Arbeit, die möglichen Unterhaltskosten für das Kind und vor allem die „Schande", die die Tochter über die Familie gebracht hatte. Im hohen Alter – das haben wir bei der Suche sehr oft erlebt – werden sie milde, haben Schuldgefühle, sehen in der Adoption ihres Enkelkindes eine unerledigte Problematik in ihrer Biografie und wollen beitragen zur „Wiedergutmachung". In Einzelfällen ist das einzige Kind ihrer einzigen Tochter eben auch ihr einziges Enkelkind geblieben, das sie durch eigenes Zutun nie kennen lernen konnten. Wenn die Personalien der Großeltern nicht aus den Vermittlungsakten hervorgehen, wissen manchmal Adoptiveltern etwas über sie (an diesem Punkte der Suche – und meiner Ausführungen – sollte deutlich werden, wie wichtig es für Adoptiveltern ist, mehr Informationen bei der Übernahme des Kindes zu erfragen als allgemeinhin üblich!) Jedenfalls erweisen sich die Großeltern/Großmütter oft nicht nur als dankbar, ihr großes Enkelkind vor dem eigenen Tod doch noch kennen gelernt zu haben, sondern sie öffnen ihnen auch Fotoalben,

Dokumentenmappen und Adressbücher. Ich habe im Übrigen bisher in keinem Fall erlebt, dass Großeltern von der Adoption nichts wussten. Sie sind also nicht zu „überraschen"!

Wenn all diese Personen nicht helfen konnten oder wollten oder wenn sie selber nicht auffindbar sind, dann hilft oft nur ein geradezu detektivisches Nachforschen: von Dorf zu Dorf, von Haus zu Haus, von Nachbar zu Nachbar.

In einem Fall gelang es einer Adoptierten, auf diese Weise ihren leiblichen Vater ausfindig zu machen (der auch 30 Jahre danach vor seiner Ehefrau noch die Vaterschaft leugnete). Sie erfuhr vom Tode ihrer leiblichen Mutter, die sich kurz nach der unfreiwilligen Freigabe das Leben genommen hatte. Sie fand aber noch deren Grab, und sie fand eine umfangreiche Verwandtschaft in Form von Onkeln, Tanten, Nichten, Neffen, Cousins und Cousinen. Auch diese Frau hatte sich wortwörtlich von Haus zu Haus durchgefragt, bis sie auf ehemalige Nachbarn stieß, die sich noch genau erinnerten.

Die abgebenden Eltern

Ungleich problematischer ist die Suche der leiblichen Eltern nach ihrem „Kind" (prinzipiell sollten nur Adoptierte gesucht werden, die volljährig sind! Zum einen vermeidet man juristische Auseinandersetzungen mit Adoptiveltern, zum anderen kann angenommen werden, dass die Pubertät mit ihren Stürmen dann weitgehend abgeschlossen ist und der Adoptierte soweit gefestigt wurde, dass er mit der Thematik um Suche und Finden umgehen kann.) Durch die einstige notarielle Einwilligungserklärung haben leibliche Eltern jegliche Rechte verloren. Nach dem Ideal der alten

Inkognito-Adoption gab es in der Regel auch keine weiteren Kontakt und Auskünfte mehr. Gleichwohl darf diesen Menschen nicht ihr wirkliches Interesse am Kind abgesprochen werden – zumal viele von ihnen (insbesondere die Mütter) unter der Freigabe und der Trennung sehr gelitten haben. Dass sie sich möglicherweise 18 oder 20 oder mehr Jahre lang nicht mehr „gemeldet" hatten, hing bei vielen weniger mit einem unterstellten Desinteresse als vielmehr mit der von ihnen verinnerlichter Rechtlosigkeit zusammen.

Die Rolle des Adoptions-Vermittlers kann aus juristischen Gründen hier nur die eines Vermittlers im engeren Sinne sein: Er kann (und sollte es auch tun) bei dem Adoptierten bzw. den Adoptiveltern anfragen, ob ein Kontakt zur Mutter erwünscht ist – und er sollte sich für diesen Fall dann auch als Anlaufstelle und Kontaktperson zur Verfügung stellen. Seine Rolle wird daraus bestehen, „Übersetzungsarbeit" im sozialarbeiterischen Sinne zu leisten – es sei denn, die beiden Beteiligten sehen sich, fallen sich in die Arme und benötigen niemand Drittes!

Möglicherweise muss dieses eigentliche „Vermitteln" zwischen den beiden, das Aufklären, das „Übersetzen" der Sprache des anderen auch über einen längeren Zeitraum hin geschehen.

Noch vor 20 Jahren war es meinen eigenen Erfahrungen nach undenkbar, dass eine Adoptionsvermittlungsstelle einer abgebenden Mutter bei der Suche nach ihrem Kind half. Abgebenden Müttern hing der Ruf von „Rabenmüttern" an, die „selber Schuld" hatten, die „ihr Kind verlassen" und damit alle Rechte verspielt hatten.

Inzwischen hat sich vieles verändert: Abgebende Mütter gehören in die Diskussion um Adoption ebenso wie die anderen an dieser Maßnahme Beteiligten. Sie haben Mitspracherechte, sie melden sich zu Wort, sie brauchen sich nicht mehr zu verstecken, sie gründen Selbsthilfegruppen und sie machen deutlich, dass die Abgabe ihres Kindes zur Adoption nicht ein endgültiges „Aus" für sie bedeutet. Sie haben verantwortlich gehandelt (es sei denn, sie wurden zur Freigabe gezwungen) und ihr Interesse an dem Ergehen des Kindes erlischt nicht mit seiner Aufnahme in die neue Familie. Alles in allem ist die ganze Szene um die Adoption in den letzten zwei Jahrzehnten offener und demokratischer geworden . . . und es hat ein Generationenwandel in den Vermittlungsstellen und Ämtern stattgefunden, der dem Thema angemessen ist.

Gleichwohl hängt es noch immer von der Person ab, an die die Mutter sich wendet. Die Art der Hilfe und das Ausmaß an Unterstützung bei der Suche können von schroffer Ablehnung über ablehnende Ausrede („keine Zeit") bis hin zu geradezu liebevoller Fürsorge reichen.

Suche nur in eigener Regie

Die Suche nach den Eltern bzw. dem Kind ist für Jugendämter und andere Adoptionsvermittlungsstellen inzwischen zum „täglichen Brot" geworden. Kaum eine Vermittlerin ist nicht regelmäßig mit Suche-„Fällen" befasst. Das „Wie" ist jedoch sehr unterschiedlich . . . und damit die professionelle Qualität dieser Dienstleistung.

Bei dieser Arbeit gilt – wie bei den meisten pädagogischen Handlungen –: Wenn ich es selber mache, geht es am schnellsten. Gleichzeitig ist es für viele beruflichen Helfer noch immer problematisch, in ihren Klienten zwar die Hilfesuchenden zu sehen, nicht jedoch sofort zur tätigen Hilfe zu schreiten. „Hilfe zur Selbsthilfe" ist ein inzwischen so bekanntes Schlagwort, dass es in seinem eigentlichen Sinne nicht mehr reflektiert wird.

Für den Bereich der Suche gilt also: *Nicht der Profi sucht, sondern der Suchende selber!* So gut wie alle Argumente von professionellen Helfern, warum das nicht ginge, sind zu entkräften. Der Suchende kann alles in eigener Regie ... wenn er die entsprechende *Anleitung* dazu bekommt und jeder Schritt mit ihm besprochen wird.

Ich halte die (fast) ausschließliche Eigeninitiative aus mehreren Gründen für unabdingbar:

1. Die Suche und der Wunsch nach dem Finden des anderen ist bei vielen Menschen äußerst ambivalent ausgeprägt. Sie wollen, aber sie wollen auch nicht. Sie möchten angekommen sein, aber sie scheuen den Weg zum Ziel. Sie hoffen auf gute Erfahrungen mit dem Gefundenen, befürchten aber gleichzeitig das Gegenteil. Sie möchten als Kind (als Mutter) willkommen geheißen werden, ahnen aber, dass sie – wieder und noch einmal – verstoßen werden könnten. Diese schwankenden Gefühle benötigen viel Zeit zur Klärung.
2. Auf diesem Grunde muss der Suchende in seinem *eigenen Tempo* gehen. Er muss Pausen einlegen können, wenn er nicht weiter weiß, wenn ihn die Angst überkommt, wenn die Zweifel zu stark werden. Er muss Neuanfänge planen und ausführen, er muss selber Menschen für sich und sein Anliegen gewinnen. Die oft nervtötend langsamen Mühlen der Bürokratie liegen vor seiner Wunscherfüllung – aber auch vor seiner eigenen Spontaneität, die nicht immer seinen wirklichen Bedürfnissen folgt.
3. Der Suchende ist „Herr des Verfahrens“. Er/sie selber nur kann bestimmen, *wann wer wie* gesucht werden soll

und wie dann mit dem Wissen verfahren wird, wann es sich in Handeln umsetzt, welche Situationen dafür geschaffen werden müssen.

Um deutlicher zu machen, was ich meine, will ich mit ein paar Beispielen illustrieren:

- Margret, 22 Jahre, hat „im Handstreich" die Mutter gefunden. Das war nicht schwer, diese hatte noch die gleiche Adresse wie einst. Von der Mutter hat sie die Adresse des Vaters erhalten. Sie hat sich vergewissert, dass auch diese noch stimmt – und trägt sie seit zehn Monaten im Portemonnaie bei sich. Worauf sie wartet, habe ich sie gefragt. „Bis ich innerlich so weit bin", hat sie geantwortet. Wann das sein wird, weiß sie nicht. Sie wird es merken und dann wird sie den Vater, der nichts ahnt, aufsuchen.
- Peer, 26 Jahre alt, sucht seinen Vater und ist selber um sehr viel Vorsicht bemüht. Er bittet auch mich um äußerste Diskretion – bis ich ihm bestätige, dass *er* sucht, nicht ich. Bei einem gleichaltrigen Freund hat er gerade erlebt, dass der Vater – von der Behörde gefunden und informiert – sich sofort zurückgezogen hat. Die beiden Freunde sind sich sicher, dass sie die Väter *selber* ansprechen müssten, nur sie hätten *den* Zugang, den sie wünschten und würden die entsprechende Methode, die richtigen Worte finden! Und sie halten auch den Zeitpunkt für wesentlich, zu dem dem Vater das Geheimnis offenbart werden soll.
- Sabine sucht seit acht Jahren nach der Mutter. Das ist in ihrem Fall eine außergewöhnlich lange Zeit. Ihr liegen überdurchschnittlich viele Informationen vor. Aber sie sagt von sich aus, dass sie schon ein paar Mal „Pause gemacht" habe. Es seien andere, wichtigere Dinge dazwischen gekommen wie Ausbildungsabschluss, Freundschaften, auch die Heirat, Umzug . . . Darin, dass sie ihr im Moment wichtiger er-

schienen, sieht sie für sich selber ein Zeichen, langsamer vorzugehen. Furcht vor dem Endergebnis schließt sie nicht aus. Aber auch sie sagt – ähnlich wie Margret –, sie müsse innerlich erst wirklich so weit sein und dann könne sie die Suche in vier Wochen abgeschlossen haben.

- Elke will unbedingt diejenige sein, die den Erstkontakt zur Mutter hat. Sie will keine Helfer „zwischengeschoben" wissen. Sie will die Mutter unvorbereitet treffen, „ohne Dolmetscher", wie sie sich ausdrückt. „Ich will die echten Reaktionen meiner Mutter hören und sehen und nicht das Ergebnis langer durchwachter Nächte, in denen sie überlegt hat, wie sie mir begegnen soll." Elke ist sicher, dass diese mütterlichen Reaktionen äußerst positiv ausfallen – „und wenn nicht, kann ich mit ihrer spontanen Ablehnung auch besser umgehen als mit dem Ergebnis langer Überlegungen."

Der Außenstehende, selbst wenn er feinfühlig und erfahren vorgeht, wird in erster Linie den „Fall erledigen", ihn vom Tisch haben wollen – zumal wenn sich die Gesuche häufen. Ich halte es für sinnvoll, dass Institutionen oder Organisationen, welcher Art auch immer, stets nur Hinweise geben, Adressen, Aktenzeichen, zuständige Dienststellen ausfindig machen und *die erste Konfrontation auf alle Fälle den beiden Betroffenen selber überlassen.* Eine Ausnahme sollte es nur dann geben, wenn die Suchenden um persönliche Vermittlung, Kontaktaufnahme oder „Übersetzungsarbeit" im pädagogischen Sinne *bitten.* Im Prinzip muss auch hier gelten: Der Ratsuchende ist mündig, selbständig, motiviert, er ist ein selbstverantwortlicher Mensch! Er kann also auch alleine seine Interessen vertreten! Jede Beschleunigung von außen kann den Prozess gefährden. Bei aller Arbeit mit den sensiblen Themen rund um die Adoption dürfen wir nie außer Acht lassen, dass wir es mit Menschen zu tun haben, die durchaus in der Lage sind, ihre eigenen Dinge selber in die Hand zu nehmen.

Gleichzeitig muss der Suchende – wenn er „Fehler" gemacht hat, diese auch alleine zu bewältigen versuchen. Wir können raten, Tipps geben, über Erfahrungen berichten: mehr nicht! Jeder hat ein Recht darauf, Fehler zu machen, aus ihnen zu lernen und an ihnen zu reifen.

In den letzten Jahren scheint es üblich geworden zu sein, dass professionelle Helfer nicht nur die Suche selber übernehmen und dem Suchenden das Ergebnis wie auf dem Silbertablett servieren, sondern dass sie das ganze Verfahren bis zur letzten Minute „begleiten". Das bedeutet, dass sie ihren Klienten nicht einmal aus der Hand geben oder aus den Augen lassen, wenn dieser sich mit dem Gesucht- und Gefundenen zum ersten Mal trifft. Immer häufiger erfahre ich von Treffen in den Diensträumen der Beraterinnen, die ganz selbstverständlich auch anwesend sind.

Alle Agierenden sollten sich im Sucheprozess stetig über ihr eigenes Verhalten, die eigenen Gefühle, den eigenen Standort im Klaren sein.

Ein Adoptierter, der sich hilflos gibt (weil er oder sie Hilflosigkeit als Appell an den anderen gelernt hat), braucht niemanden, der für ihn sucht. Er braucht die Erfahrung, dass er selber *kann.* Wenn sein „Können" scheinbar (!) nicht ausreicht trotz aller Beratungen, mangelt es vermutlich an der Ausprägung des Interesses. „Tu du für mich" ist ein Appell, der bei vielen „Helfern" auf fruchtbaren Boden fällt ... zumal bei denjenigen, die angetreten sind, zu „helfen", indem sie aktiv werden. Eine Sozialarbeiterin, die mir schreibt: „Das Verhalten der Mutter hat mich bitter enttäuscht" (die Mutter wollte kein Treffen), hat ihre Aufgabe nicht verstanden und eine Vermittlerin, die darauf *besteht,* dass das erste Treffen zwischen Mutter und Adoptiertem in ihrem Büro stattfindet, muss sich fragen lassen, ob sie so wenig Zutrauen in die Fähigkeit normaler Erwachsener oder in die Wirkung der Jugendhilfemaßnahme Adoption hat oder warum *sie selber* dieses Treffen unter ihren Augen *braucht.*

Männer lassen suchen

Eine andere Variante der Fremdsuche, -einmischung, -bestimmung ist die Suche durch Familienangehörige. Wenn männliche Adoptierte suchen . . . dann suchen in der Regel ihre Freundinnen oder Ehefrauen. „Mein Mann würde so gerne . . .", „Mein Mann hat mich beauftragt . . . seine Genehmigung füge ich bei . . .", „Mein Freund sucht seine Mutter und hat mich gebeten, weil er keine Zeit hat . . ." kommt in meinen Suche- „Fällen" weitaus häufiger vor als Männer, die selber ihr Anliegen vertreten.

Gegen dieses Ansinnen sprechen zwei Gründe: der juristische und der pädagogisch-psychologische. Niemand hat das Recht, Einsicht in die Vergangenheit eines anderen Menschen zu nehmen, an dem noch weitere Personen und Schicksale hängen. Die schriftliche „Genehmigung" ist auch juristisch fragwürdig: Die (unlesbare!) Unterschrift kann von *jedem* unter jedes Schriftstück gesetzt worden sein.

Die Suche nach den eigenen Wurzeln, den Eltern, der Identität ist ein erheblicher Einschnitt in das Leben eines Menschen. Erlebt er es nicht selber so, will er nur seine Neugier befriedigen und hat keine Neigung, eigene Zeit dafür zu „opfern", kann sein Anliegen nicht besonders tief gehen. In diesen Fällen würde ich mich nicht einspannen lassen, selbst wenn die juristische Seite geklärt ist.

Im Übrigen hat kein einziger Mann, dessen Partnerin sich hilfesuchend an mich gewendet hat, sich je selber bei mir gemeldet, nachdem ich das Eigenengagement gefordert hatte. So wichtig war die Suche dann auch nicht ... oder sie wurde einer Stelle überantwortet, die weniger professionell vorgeht.

Zufall, Glück und Wunder

Die Suche ist nicht bis ins letzte Detail planbar, der Erfolg wird nicht garantiert.

Ebenso ist aber auch der Misserfolg nicht zwingend, selbst wenn viele Jahrzehnte ins Land gegangen oder die Personalien der Gesuchten nur dürftig sind.

Wie in jedem guten Krimi – und dieser Vergleich ist zum Thema „Suche" manchmal durchaus angemessen – gibts einen „Kommissar Zufall", und auch das „Glück", an das manche nicht mehr glauben, tritt gelegentlich auf den Plan – wenn die Zeit reif ist!

- Catharina S. entschloss sich anlässlich einer Familienfeier, bei der alle ihre Erinnerungen wieder nach oben gespült wurden, den Plan der Suche nach ihrem Sohn jetzt endlich zu realisieren. Ohne noch lange zu zögern, wandte sie sich am folgenden Montag an die Stelle, die vor 24 Jahren die Vermittlung übernommen hatte. Dort fand sie ihre „alte" Sozialarbeiterin von damals – packend! In wenigen Tagen wollte sie in Rente gehen. So genügte ein Gespräch (sie erinnerte sich sofort beim Hereinkommen ihrer Klienten von damals) und ein Anruf bei den Adoptiveltern, zu denen der Kontakt nie abgebrochen war – und der Sohn war gefunden! Sowohl die Eltern als auch er selber willigten spontan in ein Kennenlernen ein. Die ganze Suche-Prozedur dauerte vom Entschluss bis zum ersten Treffen noch nicht einmal eine ganze Woche.

Ein halbes Jahr später wäre alles viel problematischer verlaufen. Die Nachfolgerin hätte zunächst die Akten hinzuziehen müssen (das brauchte „die alte" nicht) – vorausgesetzt, sie hätte sich dazu entschließen können und wäre sich ihres Handelns sicher gewesen (bei abgebenden Müttern *muss* sie nicht, ja *eigentlich* darf sie es nach den Riten der Inkognito-Adoption gar nicht!). Sie hätte mit Sicherheit die Adoptivfamilie nicht gekannt, hätte also einen ganz anderen, sehr fremden Zugang gehabt. Das *Persönliche,* das bei der ganzen Suche eine herausragende Rolle spielt, hätte gefehlt, und ob die Adoptiveltern unter diesen Umständen so schnell „ja" gesagt hätten, ist auch die Frage. Lauter „Wenns", die das Glück verhindert hat!

• Polly Toynbee schildert in ihrem Buch einen ähnlichen Zufall. Eine Adoptierte entschließt sich nach langen Jahren des Zögerns, die Mutter zu suchen, weil sie selber schwanger ist und sich Sorgen um eventuelle genetische Störungen macht. Sie hat aber viele Zweifel – wenn sie nun abgelehnt würde? So schob sie die Suche wieder und wieder vor sich her – immer unsicher, wenn es um Behandlungen, Impfungen und andere Entscheidungen um ihr Kind ging.

„Ein Jahr später bekamen ihre Adoptiveltern einen Brief. Es war ein Wunder, dass der Brief sie überhaupt erreichte. Wäre er zwei Tage(!) später geschrieben worden, wäre er nie angekommnen. Er kam von einer Sozialarbeiterin des Heimes und war an die alte Adresse geschickt worden. Die Bewohner des Hauses, die es vor vielen Jahren von den Adoptiveltern gekauft hatten, wollten zwei Tage später ausziehen, und der neue Besitzer hätte bestimmt nicht gewusst, wohin er den Brief nachschicken sollte" (Toynbee 1989, S. 94f.).

Es war ein Brief, den die Sozialarbeiterin geschrieben hatte, nachdem die Mutter „endlich gekommen war, mich wiederzusehen"!

Von ähnlichen „Glücksfällen" wird immer wieder geschrieben: Hausbewohner, die sich noch nach mehr als 30 Jahren erinnern, wohin die Mutter seinerzeit umgezogen ist. Heimleiterinnen (sehr oft Ordensschwestern, die bekanntlich seltener ihre Stellen wechseln als „weltliches" Personal, die sich noch nach 25 Jahren an den „Fall" erinnern und wertvolle Tipps geben können; Nachbarn, die noch dunkel irgendeine Adresse kennen, bei der seinerzeit die Großeltern gelebt hatten; ein Mann in Kanada, der im Handumdrehen die seit mehreren Jahren gesuchte Adresse (allerdings gegen Bares) vermittelt und den durch „Zufall" jemand in den USA kannte ...

Es sind oft Glücksfälle, die an Wunder grenzen. Und nicht selten habe ich verblüfft einen Fall rekonstruiert, der sich urplötzlich auflöste und klar und deutlich wie hinter einer Nebelwand so offen und logisch erschien, dass ich mich fragte, was daran über Monate und Jahre eigentlich so schwierig gewesen war!

Allerdings: An Wunder muss man glauben können!

Adoptiveltern erleben die Suche

In keinem Suche-Fall ist es mir je gelungen, alle drei beteiligten „Parteien“ an einen Tisch zu bekommen und zu ihren Erfahrungen und ihrem Erleben zu befragen:

- das (erwachsene) Adoptiv“kind“
- seine leiblichen Eltern oder (häufiger) die abgebende Mutter, die gefunden wurde und
- die Adoptiveltern, die das Kind einst aufgenommen hatten: mit mehr oder weniger Wissen oder auch Interesse über die Herkunft des Kindes und das, was den Abschied vom Kind in seiner Herkunftsfamilie auslöste.

Vor allem habe ich mit Adoptierten gesprochen – vor, während und nach ihrer Suche. In vielen Fällen habe ich diese angeleitet und begleitet (nie selber für den Adoptierten gesucht!). Quantitativ geringer, dafür qualitativ sehr viel ausgeprägter waren die Kontakte, die ich mit leiblichen Müttern hatte – vor allem, wenn sie mich um Mithilfe bei der Suche gebeten hatten. In manchen Fällen wurde ich erst im Nachhinein eingeschaltet, wenn das Suchen, das Finden, die Beziehung . . . nicht wie erhofft verlaufen waren und es große Irritationen und Enttäuschungen gab.

In einigen Fällen erlebte ich nach dem Wiederfinden die gemeinsame Zeit „aus der Ferne“ mit: Ich nahm teil durch Briefe beider Seiten (manchmal auf dem selben Briefbogen) und durch telefonische Berichte.

Nie habe ich das „Adoptionsdreieck": leibliche Eltern/Kind/Adoptiveltern im gleichen Falle gehört – und nur selten Adoptiveltern bzw. -mütter.

Adoptiveltern blieben mir ein Buch mit sieben Siegeln mit sehr wenigen Ausnahmen. Allenfalls hörte ich *über sie* durch ihre Kinder. Diese berichteten über die großen Probleme, die sie zum Thema „Suche" mit den Eltern hatten: von deren Angst verlassen zu werden; Angst, das „Kind" an die leibliche Mutter zu verlieren; das übermächtige Problem mit der (Un-)Dankbarkeit und die vielen Jahre der Geheimnistuerei!

Erst nach dem Tod . . .

• „Nach einem Konzert, das ich mit meiner Mutter zusammen anhörte, fragte ich sie auf dem Nachhauseweg: ‚Was würdest du eigentlich denken, wenn ich den Wunsch hätte, meine leibliche Mutter zu suchen?' Meine Mutter bekam Tränen und antwortete mir: ‚Tu uns das bitte nicht an oder warte, bis wir gestorben sind – das könnten wir nicht verkraften.' Ich war erschlagen von dieser Antwort . . ." (Marisa Mastel)

Adoptierte scheinen sich erst nach dem Tod ihrer Adoptiveltern oder aber des einen, des wesentlichen Adoptivelternteils, auf die Suche nach der eigenen Geschichte zu begeben.

Meine ursprüngliche Vermutung, hierbei handele es sich um das Schaffen von Eltern-Ersatz („habe ich die einen schon nicht mehr, so will ich wenigstens die anderen kennen lernen!") erwiesen sich in fast allen Gesprächen als falsch. Sie warten bis nach dem Tod, weil sie niemandem wehtun wollen.

Sie möchten auch die Konflikte nicht austragen müssen, die sie auf sich zukommen sehen.

Da nach dem früheren Adoptionsrecht die Adoptiveltern ohnehin sehr viel älter waren, als sie es biologisch hätten sein können, sterben sie oft schon, wenn die Adoptivkinder Anfang bis Mitte 20 sind. (Nach dem Adoptionsrecht von 1977, das altersmäßig eine biologisch-mögliche Elternschaft vorsieht, wird sich dieser Aspekt bedeutend ändern und wird in die Überlegungen zur Aufklärung, offenen Adoption und Sucheproblematik einbezogen werden müssen.)

Dass den noch lebenden Adoptiveltern (oder auch nur noch Elternteilen) die Suche verschwiegen wird, habe ich öfter erlebt als den Fall der offenen Ansprache dieser Aktion. Die Begründungen lauten alle ähnlich:

- „Meine alte Dame ist jetzt 78. Warum soll ich sie noch beunruhigen? Ich weiß auch gar nicht, wie sie das aufnehmen würde. Aber bestimmt könnte sie es nicht verstehen." (Mann, 30 Jahre alt).

Das Problem mit der (Un-)Dankbarkeit

Das Thema der Dankbarkeit (oder eben nicht!) fehlt in keinem Suche- „Fall"! Sie wird erwartet – meistens mehr als in biologischen Familien. Die Erwartungen werden vom Adoptierten gespürt – nicht selten wird in Konfliktfällen die Dankbarkeit auch eingefordert – und mit Ärger, Irritation und Schuldgefühlen beantwortet. Spielte in der Familie der „Rettungsgedanke" („Wir haben dich aus der Gosse geholt!") eine Rolle, kann sich der Adoptierte nur in Aggressivität flüchten, will er sich von diesen übermächtigen Erwartungen nicht erdrücken lassen!

Dankbarkeit und „in der Familie bleiben" ist in vielen Fällen identisch. Freunde, Ehepartner, Auslandsaufenthalte . . . werden als entwicklungsbedingt richtig angesehen (gleichwohl sie ebenfalls ein „Verlassen" der Eltern darstellen!). Die Suche aber nach der Mutter oder nach beiden Elternteilen hat eine andere Verlassensqualität: Hier geht es um unmittelbare Konkurrenz. Bei vielen Eltern dürften aber auch noch andere psychische Momente hinzukommen:

- Gegen jede rechtliche Regelung befürchten manche Eltern (bzw. die Mütter!), dass die leibliche Mutter eines Tages „vor der Tür steht" und das Kind zurückfordert. Möglicherweise spielen dabei unbewusste Schuldgefühle eine Rolle: Wir haben einer Frau ihr Kind weggenommen, die es selber nicht behalten konnte, weil sie ärmer . . . jünger . . . alleingelassen . . . war.
- Wenn die biologische Kinderlosigkeit nicht wirklich akzeptiert und bewältigt wurde, kann die gebärfähige (!) Mutter (unbewusst) auch aus diesem Grunde zu einer besonderen Konkurrenz werden: Sie konnte etwas, was ich nicht konnte. Wurde die Kinderlosigkeit als besondere Minderwertigkeit erlebt und nicht bearbeitet, ist es möglich, dass dieses Trauma im Zeitraum der Suche des Adoptivkindes wieder hoch akut wird und zu existentiellen (Verlassens-)Ängsten führt.

Liebe und Zärtlichkeit wird *manchmal* von Adoptierten angesprochen, Dankbarkeit aber *immer* und in diesem Zusammenhang auch oft die Abhängigkeit durch Dankbarkeit! Adoptierte fühlten sich durch die ihre eigene Dankbarkeit und durch die von den Adoptiveltern (vermeintlich?) erwartete Dankbarkeit so eingeengt in ihren Entscheidungen, so gebunden, dass sie es nicht schafften, ihren eigenen

Bedürfnissen nachzugehen – und die *Adoptiveltern erleben zu lassen, dass die Suche und das Finden nichts* an ihrer gemeinsamen Geschichte und ihren Beziehungen *zerstört!* Lieber wurden Illusionen aufrecht erhalten und lieber lebten alle weiterhin in der Angst vor *möglichen* Folgen einer *möglichen* Begegnung ...

- „Ich habe zu meiner Adoptivmutter nie ein so gutes Verhältnis gehabt. Mit meinem Adoptivvater hätte ich darüber sprechen können. Aber der ist schon lange tot. Meine Mutter würde ein ziemliches Theater machen. Sie findet mich sowieso undankbar, und da käme die ganze Diskussion wieder hoch, die wir schon tausendmal geführt haben" (Frau, 34 Jahre alt).
- „Als die Frage nach meiner biologischen Mutter aktuell war, akzeptierte ich die Adoptiveltern nicht mehr. Wenn wir Krach hatten, entschuldigte ich sie oft, sie waren ja nicht meine richtigen Eltern. Trotzdem war die Angst groß, die Liebe der Adoptiveltern zu verlieren. Damals entstand das Motto: ‚Immer lieb und dankbar sein.' Ich dachte mir, wenn ich keine Schwierigkeiten mache, so haben sie keinen Grund, mich nicht mehr zu lieben.

  Vielleicht war die Dankbarkeit eine unbewusste Erwartung meiner Adoptiveltern, die sie aber nie aussprachen" (Ji Yuhn Engel, S. 101).
- „Ich wollte meine Adoptivmutter einfach nicht traurig machen! Sie hatte ohnehin über die ganzen Jahre Angst, dass eines Tages meine Leibliche vor der Tür stehen könnte. Sie wusste, dass das eigentlich nicht passieren konnte, aber irgendwie war da diese Angst in ihr. Ich war ihr einziges Kind, und nachdem mein Adoptivvater uns verlassen hatte, hatte sie ja auch nur noch mich. Irgendwie dachte ich immer, das kannst du nicht machen, sie hatte es doch sowieso nicht so leicht im Leben" (Frau, 36 Jahre alt).

Diese Form von Dankbarkeit zeigt eine bestimmte Form von Kommunikation, von Beziehung und ihren Störungen, wie wir sie in biologisch begründeten Familien selten erleben. Natürlich wird auch von leiblichen Kindern Dankbarkeit erwartet – aber selten in diesem alles übertönenden Ausmaß, das den Adoptiveltern oft nicht einmal bewusst wird. Häufig finden wir in Adoptionsverhältnissen auch eine typisch verschobene Kommunikation vor: „Eigentlich brauche ich nicht besonders dankbar zu sein, denn schließlich haben meine Eltern mich für sich gewollt. Aber sicher erwarten sie Dankbarkeit, weil ich ein fremdes Kind bin, für das sie sich geopfert haben. Also muss ich dankbar sein!"

Ob über diese Frage in Adoptivfamilien gesprochen wird, blieb mir unklar. Dass Adoptiveltern (in Auseinandersetzungen) das Kind als undankbar bezeichnen, kommt häufig vor – und bei Adoptierten dürfte dieser Vorwurf auf einen viel bereiteren Boden fallen als bei leiblichen Kindern, deren Selbstwertgefühl ausgeprägter ist, die zu wissen meinen, was ihnen „zusteht" und bei denen das Gefühl fehlt, „eigentlich" nicht dazu zu gehören.

Dass sich in jeder Kindererziehung Gefühle des Ausgenommenwerdens einstellen, dass Kinder alles als völlig selbstverständlich hinnehmen, was ihnen geboten wird (und das, was man ihnen nicht bieten will, auch noch!), gehört in jede Elternklage. Die Problematik in der Beziehung ergibt sich jedoch dann, wenn Eltern entweder nicht in der Lage sind, Grenzen zu setzen und einzuhalten oder aber wenn sie sich ihrer Gefühle nicht sicher sind und befürchten, dass die Ablehnung eines Wunsches ihnen als Versagung ausgelegt werden könnte, weil sie „nur Adoptiveltern sind"! Sie nehmen nicht selten einen Vorwurf des Kindes gedanklich vorweg und machen ihn zu ihrem eigenen.

„Meine leibliche Mutter würde mir bestimmt erlauben . . ." oder: „Wenn ich richtige Eltern hätte, würden sie mir dieses und jenes bestimmt kaufen, ihr gönnt mir ja nur nichts, weil ich nicht euer richtiges Kind bin . . ." sind Anteile in der Kommunikation, die viele Adoptiveltern hart treffen, weil sie sich ihrer Elternrolle nie so sicher sind, als wenn sie die biologischen Eltern des Kindes wären!

Dieses Denkschema führt in eine Falle – und die Kinder (insbesondere die Pubertierenden) erspüren mit nachtwandlerischer Sicherheit die Ambivalenzen, die latente Inkonsequenz, die Unsicherheit. Neben dem Gefühl von „Sieg" stellt sich eine Empfindung ein, die in etwa wie folgt lautet: „Eigentlich wollen sie ja nicht. Aber weil sie denken, ich könnte denken, was ich nicht denken darf, tun sie es doch! Sie opfern sich also gegen ihre Überzeugung, weil ich ja nur adoptiert bin. Also muss ich ihnen auch dankbar sein . . . was ich eigentlich gar nicht bin, denn schließlich haben sie mich gewollt und mich nicht gefragt."

Viele Adoptierte kommen nicht allein durch intensives Nachdenken oder durch ihr eigenes Empfinden zu dem Schluss, ein bestimmtes Dankbarkeitsverhalten (Anpassung!) an den Tag legen zu müssen! Sie bekommen über viele Jahre diese Botschaft mehr oder weniger verdeckt mitgeteilt – vor allem zu dem Zeitpunkt, an dem sie zaghaft ihre Fühler in Richtung Verselbständigung und Herkunftsfamilie ausstrecken.

Die Antworten auf ein vorsichtiges Herantasten sind in ihren verbalen Aussagen sehr vielfältig – in ihrer Botschaft jedoch einheitlich und eindeutig!

- „Meine Mutter brach sofort in Tränen aus, als ich das erste Mal den Wunsch äußerte, meine leibliche Mutter kennen zu lernen. ‚Dafür habe ich dich nicht großgezogen', hat sie geschluchzt, und ‚Ich habe immer geahnt, dass du dich mal so undankbar zeigen wirst'. Da habe ich dann nie mehr was gesagt und habe noch jahrelang gewartet."

- „Meine Mutter hat erstmal so getan, als ob sie nichts gehört hätte. Ich habe dann auch sofort mit dem Thema aufgehört, weil das immer gleich so eine Spannung gab, die ich nicht aushalten konnte. Aber abends, als ich im Bett lag, habe ich gehört, wie sie mit meinem Vater darüber gesprochen hat. Was er sagte, konnte ich nicht verstehen. Das klang eher wie ein beruhigendes Murmeln. Aber meine Mutter ist schier hysterisch geworden. Sie hat sich ungeheuer aufgeregt. Ich habe nicht alles verstanden, was sie gesagt hat, aber das Wort ‚undankbar' kam immer wieder vor. Als ob das was damit zu tun hätte . . . Ich habe im Bett gelegen und Schweißausbrüche bekommen. Ich habe mich so schuldig gefühlt. Ja, und eigentlich auch undankbar, obwohl ich das in Wirklichkeit doch gar nicht bin. Ich weiß, was ich ihnen alles zu verdanken habe. Und ich bin ja auch froh darüber. Das ist ihnen nicht immer leicht gefallen, das weiß ich auch . . . Aber ich habe nie wieder geschafft, davon anzufangen. Mit meinem Vater hätte ich ja gerne gesprochen, aber der hing so sehr an meiner Mutter, der hätte es nicht für sich behalten können!"
- „Ich war damals in einer Phase, wo ich nur gefordert habe. Ich war sehr aggressiv und ich dachte immer nur: Ich muss mir alles holen, was mir zusteht. Ich will nicht mehr auf die Almosen warten.

Wieso das so war, weiß ich nicht. Das hing wohl auch mit der Entwicklungszeit zusammen und mit dem ständigen Ärger, den es zu Hause gab. Ich hatte das Gefühl, ich darf überhaupt nichts. Jedenfalls habe ich dann eines Tages ohne Vorankündigung beim Abendessen gesagt: ‚Ich will meine Eltern kennen lernen.' Erstmal kam da gar nichts. Großes Schweigen. Alle hörten auf zu essen. Und dann sagte mein Vater ganz ruhig: ‚Die kennst du doch. Die sitzen hier mit dir am Tisch!'

Das hat mich stinksauer gemacht, der hat doch genau gewusst, was ich meine. Und dann fing meine Mutter an zu heulen. Die war immer so ein Tränentier. Immer wenn es um meine Adoption ging, fing sie damit an. Also wie mich das angemacht hat damals, das kann ich gar nicht beschreiben. Ich bin regelrecht ausgerastet. Es gab dann ein ziemliches Theater. Wie es ausging, weiß ich nicht mehr, aber mein Vater brüllte, meine Mutter heulte, und ich bin abgehauen. In Erinnerung ist mir nur geblieben, dass es immer wieder um Undankbarkeit ging. Und ich habe immer dagegen angeschrien, dass sie total auf dem falschen Dampfer sind und dass sie doch nicht die Spur von 'ner Ahnung haben ... Ja, so war das damals. Und dann war das Thema out. Mega-out.

Das war mir klar: Das kannst du nicht wieder anfangen. Da musst du abwarten. Da musst du erstmal total zurückstecken. Und ich hab´ da ja auch alles aufgeschoben, obwohl: es muss mich irrsinnig geärgert haben, dass ich nachgegeben habe. Aber irgendwie spürte ich: Das sitzt bei denen so tief, so tief!"

Viele Adoptierte reagieren – was ihren Umgang mit dem Thema Suche und leibliche Eltern anbelangt – ausgesprochen *aggressionsgehemmt,* d. h., dass sie nicht in der Lage sind, auf eine Sache zuzugehen, sie „in Angriff zu nehmen", aktiv zu werden. Ihre Rücksichtnahme auf die Eltern, ihre Bereitschaft, sich des Familienfriedens wegen zurückzunehmen, sich aus Dankbarkeit unterzuordnen, hemmen sie, Schritte nach vorn zu tun, die in der Lage wären, Licht in das Dunkel ihrer Vergangenheit zu bringen.

„Das war wie die berühmte Schere im Kopf. Kaum denkt man was, schon kommt die Zensur und schnippelt!"

Verschweigen

Ist die Hemmung nicht allzu ausgeprägt oder ist der Wunsch, seine Herkunft zu klären größer als Rücksichtnahme und Dankbarkeit, dann beginnen Adoptierte „heimlich" zu suchen.

Im Grunde wäre es nicht erwähnenswert, denn sie suchen fast alle erst, wenn sie bereits volljährig sind. Andernfalls würde wahrscheinlich auch niemand „Offizielles" dabei helfen. Es gibt wahrscheinlich in diesem Alter mehr Berufliches und Privates, von dem Adoptiveltern ohnehin nichts mehr erfahren. Aber bei diesem Thema geht es aufgrund der gemeinsamen Wegstrecke, der Problematik, der Tabuisierung des Themas um etwas, was beide Teile eng aneinander bindet. So wird die Suche zu einem Faktor im Leben der Suchenden, der nicht nur über lange Zeit bestimmend, sondern der auch einer besonderen Geheimhaltung unterzogen wird. Natürlich sind damit auch immer Lügen verbunden und diese wiederum vertiefen die Schuldgefühle – und damit die Kluft zu den Adoptiveltern.

Wenn es um das Verschweigen ging, entstand bei mir oft der Eindruck, als ob sich hier das Pendant zum ursprünglichen Verschweigen der Adoption fand. Diese war den Adoptierten erschreckend oft sehr spät oder gar nicht von den Eltern mitgeteilt worden. Häufig wurde sie nur durch Zufall entdeckt oder – bei anfänglichem „Verdacht" – durch Fragen geschickt eingekreist und aus den Eltern herausgefragt. Und selbst dort, wo über die Adoption als juristische Tatsache noch gesprochen wurde, wurde die Situation gespannt, wenn es um die konkreten Figuren der leiblichen Eltern ging.

Adoptiveltern verschweigen aber auch manchmal aus (falsch verstandener) Rücksicht. Sie wollen dem Kind nicht weh tun – ebenso wenig wie das Kind später ihnen.

Aber wollen Kinder diese Rücksicht überhaupt? Ist Wahrheit nicht einfacher zu ertragen? Ute H. beschreibt diesen ganzen Wirrwarr der Gefühle und ihre Überlegungen zwei Jahre nach Beginn der abenteuerlichen Bemühungen:

- Auch als Ute ihre Familiengeschichte lange kennt und mit fast allen Menschen aus der Blutsverwandtschaft gesprochen hat, kann sie nicht offen mit der Adoptivmutter über Adoption und Suche sprechen. Sie veranlasst ihren Sohn, die Oma nach einem ganz bestimmten Foto zu fragen, das ihre leibliche Tante zeigt, wie sie inzwischen weiß. Sie will damit das Gespräch erzwingen. Aber die Adoptivmutter sagt: „Es ist eine Bekannte!"

„Meine Mutter hatte nicht den Mut zur Wahrheit, und ich war ihr fast dankbar dafür. Für ein ausführliches Gespräch war einfach zu viel Zeit vergangen. Meine Eltern waren jetzt siebzig, und vielleicht hatten sie es auch tatsächlich vergessen. Heute konnte ich doch nicht einfach sagen: Hört mal her, seit zwei Jahren beschäftige ich mich mit meinen richtigen Verwandten. Seit zwei Jahren treffe ich mich mit immer anderen Cousins und Cousinen meiner richtigen Mutter. Seit fast zwei Jahren fahre ich im Schnitt alle zwei Monate nach W. und Umgebung und treffe mich mit ehemaligen Nachbarn, um etwas über meine Herkunft zu erfahren. Und passe dabei höllisch auf, nicht von euch gesehen zu werden. Weil ich dann keine Erklärung hätte, dass ich zwar in W. war, aber nicht, um euch zu besuchen! Dass ich mich seit zwei Jahren schäme? Dass ich seit zwei Jahren ein schlechtes Gewissen habe? Und wie ich mir Gedanken mache, wie ich alles wieder gutmachen könnte? Und ich nicht einmal sagen könnte, was ich gutmachen sollte?"

Adoptiveltern sperren sich

Fast stereotyp muten manche Begründungen an, die Adoptiveltern bemühen, um die Suche nach den leiblichen Eltern zu verhindern oder zu erschweren. Im Folgenden gebe ich Zitate weiter, aus denen Unruhe, Angst und Unwillen der Eltern, aber auch Ratlosigkeit, Mutlosigkeit und Zorn der Adoptierten über den Verlauf zum Ausdruck kommen.

- „Bitte raten Sie mir, was ich tun kann. Meine Adoptivmutter gibt an, nichts über meine leibliche Mutter zu wissen. Sie habe auch nie irgendwelche Papiere in Händen gehabt, aus denen was hervorgehen könnte für meine Suche" (Frau, 26 Jahre alt).
- „Meine Adoptiveltern mauern total. Meinem Adoptivvater kann ich mit diesem Thema überhaupt nicht kommen. Er wird sofort stinkwütend und spricht dann ein paar Tage lang nicht mehr mit mir. Bei meiner Mutter ist das anders – aber letztlich will sie auch nicht. Sie beruft sich immer auf ihren Mann – aber da sie sonst ganz eigenständig denkt, glaube ich ihr diese Rücksichtnahme nicht" (Frau, 27 Jahre alt).
- „Meine Mutter hat sofort angefangen zu weinen, und das kann ich überhaupt nicht ausstehen. Irgendwie heulen Frauen ja immer schneller, das kenne ich von meinen Freundinnen. Aber bei der eigenen Mutter ist man ja da doch noch ein bisschen empfindlicher, nicht? Einmal habe ich gesagt, lass uns ruhig darüber reden und weine bitte nicht gleich wieder – das hat schon genügt, dass die Tränen wieder flossen" (Mann, 19 Jahre alt).
- „Ich habe meine Adoptivmutter nur deswegen eingeweiht, weil ich noch Informationen von ihr wollte. Ich wusste, dass sie mehr weiß, als sie mir immer gesagt hat, und ich dachte, nun bin ich erwachsen, nun kann ich mit ihr von

Frau zu Frau sprechen. Ich dachte, sie wird einsehen, wie wichtig es für mich ist, meine leiblichen Eltern kennen zu lernen.

Aber sie war sehr ablehnend. Sie ist sehr grob geworden. Sie wisse nicht mehr, als sie mir schon immer gesagt hätte. Und was ich von dieser Frau überhaupt wolle. Ich solle sie doch in Ruhe lassen. Schließlich hätte sie mich damals ja nicht haben wollen. Sie hat sich sehr erregt, und ich habe sie später auch nie wieder gefragt. Ich habe meine Mutter dann auch ohne ihre Hilfe gefunden. Das war zwar viel mühsamer, als wenn sie mir gleich gesagt hätte, was sie weiß. Von meiner richtigen Mutter habe ich dann nämlich erfahren, dass meine Adoptivmutter sehr genau über ihren weiteren Verbleib informiert war. Meine Mutter hatte ihr sogar einmal geschrieben. Mir hätte das sehr geholfen, wenn ich das gewusst hätte, auch bei der Suche. Denn irgendwie denkt man ja immer: Will sie mich überhaupt kennen lernen oder in was für eine Situation platze ich da rein?" (Frau, 32 Jahre alt).

- „Seit Jahren versuche ich ab und zu bei Feiern, wenn meine Adoptivmutter einen Schwips hat, etwas aus ihr rauszukriegen. Erfolglos. Dabei bleibe ich immer sehr taktvoll. Sie hat nur einmal gesagt, dass sie dafür gesorgt hat, dass meine Mutter fort kam. Mehr nicht" (Frau, 28 Jahre alt).
- „Bei uns war das ganz komisch. Wir haben Freunde, die auch ein Adoptivkind angenommen haben, das ist zwei Jahre älter gewesen als ich. Und die fing ganz schön früh schon mit allem an, mit Freunden und so. Und dann kam sie auch eines Tages an wegen ihrer Mutter. Unsere beiden Adoptivmütter haben ja immer alles durchgequatscht über uns, da waren sie sich auch immer einig. Jedenfalls hat meine Mutter dann mal zu mir gesagt: ‚Also dass du gleich Bescheid weißt, so was gibt es bei uns nicht. Fang nicht mit

solchen Geschichten an. Deine Eltern sind wir und andere hast du nicht. Wenn du andere hättest, hätten wir dich ja nicht zu nehmen brauchen. Ist das klar?' Na, das war klar. So war bei uns überhaupt immer der Ton: Ist das klar? Und wehe, nicht!

Sie ist keine schlechte Mutter, das kann ich nicht sagen. Aber wenn nicht alle nach ihrer Pfeife tanzen, dann kann sie ganz schön zickig werden.

Also erstmal mache ich gar nichts. Es hat ja noch Zeit, und ich bin im Moment auch nicht auf Zoff mit meiner Mutter aus. Im Moment läuft mal alles ganz ruhig. Da will nicht ich diejenige sein, die Unruhe in die Familie bringt" (Frau, 20 Jahre alt).

Lügen vom ersten bis zum letzten Tag

Das Suchen des Adoptierten nach seiner Abstammung ist prinzipiell nur dann möglich, wenn er überhaupt von seiner Adoption *weiß!* Ahnt er es nur, liegen die Gründe dafür bei den Adoptiveltern, die sich nie zu der Adoption geäußert haben, weil sie es nicht wollten oder nicht konnten.

(Diese Situation schaffen derzeit alle Initiatoren, Befürworter und Betreiber von so genannten Babyklappen und der anonymen Geburt!)

Ein komplettes Verschweigen kommt dem Lügen gleich. In jeder Familie geht es immer wieder in Gesprächen um Zugehörigkeiten, Verbindungen, Beziehungen – wer gehört zu wem warum seit wann. Eltern, die von der Adoption nichts sagen wollen, sind somit automatisch zum Lügen verdammt.

Aber auch das Legen einer falschen Spur verhindert später die Suche – und hat wohl auch diesen Sinn! Mit der Mitteilung: „Deine Eltern sind beide tot“ oder „Dein Vater ist unbekannt und deine Mutter starb bei deiner Geburt“ wird vom ersten Tag an verhindert, dass der Adoptierte je eine Kontaktaufnahme plant.

• In meine Sprechstunde kam eines Tages eine junge Studentin, die durch Zufall (?) mein Buch über die Suche nach der Adoption in die Hände bekommen hatte. Sie erzählte, dass ihre Adoptivmutter tot sei, der Adoptivvater habe erneut geheiratet. Das Verhältnis habe sich dadurch gelockert. Vor allem aber vermisse sie die Adoptivmutter – und sie glaube, dass diese ihr gegenüber auch ehrlich gewesen wäre. Ihre leibliche Mutter sei kurz nach ihrer Geburt gestorben. Mit diesem Wissen ist sie aufgewachsen. Bei ersten Ansätzen, mehr über den leiblichen Vater zu erfahren, wurde ihr vom Adoptivvater gesagt, der sei Tabu. Er sei ein Tunichtgut und er selber würde alles in seiner Macht stehende tun, um einen möglichen Kontakt zu verhindern! Da der Adoptivvater kraft Amtes über sehr viel Macht verfügte, war für die junge Frau dieses Anliegen damit „geklärt“.

Nun aber – mit einem neuen Freund und Zukunftsplänen – würde sie gerne etwas mehr erfahren – wie sie es denn ohne Wissen des Adoptivvaters in die Wege leiten könne?

Bei „toten Müttern“ bin ich schon immer skeptisch gewesen – so viele Frauen sterben heutzutage nicht mehr im Kindbett, wie Adoptierte „wissen“, dass dieses Schicksal ihre Mutter getroffen hat.

Ich fragte die Adoptierte, ob sie je die Sterbeurkunde gesehen hätte.

Und dann nahm eine der überraschendsten Suchen, die ich je begleitet habe, ihren Lauf. Das Ergebnis nach einem knappen halben Jahr: Die lebende (!!) Mutter freute sich über alle Maßen, dass ihre Tochter sie endlich fand. Sie hatte ab deren Volljährigkeit darauf gewartet und natürlich nicht geahnt, dass sie bereits für tot erklärt worden war. Sie war nicht nur eine wohlsituierte, in ihrem sozialen Beruf hoch engagierte noch junge Frau, sondern sie konnte auch umgehend den Vater präsentieren, zu dem sie seit der Geburt der gemeinsamen Tochter noch immer Kontakt hatte. Dieser hatte eine stramme Karriere gemacht – die seinerzeit allerdings nur möglich gewesen war, weil er sein Kind vor seiner eigenen Mutter verheimlichte. *Mit* Kind von *dieser* Frau hätte die Mutter ihm die finanzielle Unterstützung für das Studium verweigert . . . und er war mit 21 Jahren „nicht Manns genug", sich zu Freundin und Kind zu bekennen.

Die Adoptierte war glücklich. Sie blühte sichtbar auf. Wie bedrückt sie vorher gewesen war, sah ich erst, als ich sie ein halbes Jahr später zufällig auf der Straße traf – und nicht wiedererkannte. Sie wirkte größer, aufrechter, jünger, strahlender, und sie sprach mich an und musste mir erklären, wer sie ist!

Zu diesem Zeitpunkt überlegte sie gerade die Strategie, wie sie ihrem Adoptivvater von ihren Funden berichten könne. Seltsamerweise (oder auch nicht?) hatte sie keinen Zorn auf ihn, der sie ihr ganzes Leben lang zu dem maßgeblichsten Thema belogen hatte – selbst zu einem Zeitpunkt, als sie durch den Tod der Adoptivmutter mutterlos geworden war und er sich durch die neue Eheschließung auch mehr und mehr als Vater entzog.

Welche Irritationen ein junger Mensch erleben muss, wenn er nur „ahnt", aber nicht „weiß", wird in sehr vielen Gesprächen und auch in biographischen Schilderungen von Adoptierten deutlich. Und selbst, wenn sie es wagen, konkret nachzufragen, nachdem sie lange zaudern, weil sie nicht glauben können, was sie eigentlich schon lange wissen, erleben sie entweder Lügen oder Versagungen.

Ein Beispiel soll für viele stehen:

- „Mit 13 merkte ich, dass irgend etwas in unserer Familie nicht so war, wie es sein sollte. Mein Gefühl sagte mir immer wieder: Deine Eltern sind nicht deine Eltern ... Mit 15 war ich innerlich bereit, meinen Vater darauf anzusprechen. Mit ‚innerlich bereit' meine ich, dass ich keine Angst mehr hatte – Angst vor der Antwort. An einem Abend – nur mein Vater und ich waren zu Hause, fragte ich ihn direkt, ob ich ihr Kind sei. Und wie ich vermutet hatte, bestätigte er mir, dass ich ein Adoptivkind bin. Auf meine Frage, wer meine richtigen Eltern seien, lautete seine Antwort: ‚Ich werde alles in die Wege leiten, dass du nie erfahren wirst, von wo du herkommst'" (Maja Merian, in: Schärer, S. 141).

Gerne hätte ich mit all diesen Eltern oder Müttern einmal gesprochen. Viele von ihnen hätten sicher der Hilfe bedurft, vielleicht einfach in Form von verallgemeinernder Aufklärung: Jeder Mensch möchte seine leiblichen Vorfahren kennen lernen. Daran ist nichts Besonderes, das ist kein Verrat und vor allem läutet dieses Kennenlernen nicht das Ende einer 20-jährigen Eltern-Kind-Beziehung ein. Vorausgesetzt, dass diese je entstanden ist. Jugendliche und Jungerwachsene müssen ihr eigenes Leben führen und lösen sich. Sie finden andere Menschen und sie fragen die Eltern nicht mehr, ob diese einverstanden sind. Sie müssen ihre eigenen Wege gehen, stolpern, fallen, sich wieder aufrappeln.

Man kann sie nicht mehr beschützen, wenn sie nicht mehr beschützt sein wollen! Und jedem Elternteil – auch dem biologischen – geht es so, dass es zu einer vorübergehenden Vereinsamung kommt, wenn die Kinder aus dem Hause gehen. Diese Krise ist die Chance zu einem Neubeginn – und dieser Neubeginn kann durchaus alle neu hinzugewonnenen Menschen der eigenen Kinder mit einbeziehen. Auch die leibliche Mutter!

Adoptiveltern werden eingeweiht

• „Also bei uns hat es keine großen Diskussionen gegeben," hat mir Sabine erzählt, 22 Jahre alt, Studentin. „Irgendwie war das bei uns eine klare Sache. Ich wusste von Anfang an, dass ich adoptiert war. Daran habe ich nie was gefunden. Für unsere Familie war das normal. Mein Bruder war auch adoptiert. Unsere Eltern haben daraus nie einen Hehl gemacht. Ich weiß noch, dass ich in der Pubertät unbedingt zu meiner Leiblichen abhauen wollte. Ich war sicher, dass die mit mir besser könnte. Heute kann ich nur darüber lachen und mit meinen Eltern kann ich auch gut drüber sprechen. Die müssen ganz schön was mitgemacht haben! Wie sie damals reagiert haben, weiß ich nicht mehr – wahrscheinlich haben sie abgewinkt, denn sonst wäre ich losgegangen.

Dann trat diese ganze Frage in den Hintergrund. Ich hab Abi gemacht, das war ein ganz schöner Schlauch, denn ich war nie 'ne Leuchte. Nach dem Abi habe ich dann erstmals ein bisschen gejobt, um wieder zu mir zu kommen, und dabei kam mir auch die Idee an meine Leibliche wieder stärker. Ich habe das dann mal beim Abendbrot gesagt – irgendwie war das gar keine Sache bei uns – das lief ganz natürlich – und da hat mein Vater nur gesagt: ‚Na, denn man los. Was brauchst du denn noch?' Ich hab gesagt ‚Geld, wie immer'. Da haben alle gelacht, denn ich war berühmt dafür, dass ich immer klamm war. Und dann hat mein Vater mir die paar Papiere gegeben, viel war's ja nicht gerade. Naja, 'ne Überraschung war's auch nicht. War ja nichts Neues für mich, außer dem Nachnamen und der Stadt, in die meine Mutter kurze Zeit drauf gezogen war. Irgendwie hatte ich mir alles viel schwieriger vorgestellt. Ich bin zur Stadtbücherei hin, dort liegen alle Telefonbücher aus – und da hatte ich sie. Also total unprosaisch. Ein bisschen mehr Spannung hätte ich mir schon gewünscht. Ich habe sie dann gleich angerufen, und wir haben uns verabredet. Am Abend habe ich das dann den Eltern erzählt und die waren ganz zufrieden, dass das so gut geklappt hat.

Nein, keine Eifersucht, nichts! Meine Eltern ruhen irgendwie in sich selber. Die finden ohnehin immer, dass sie die besten sind. Das finde ich ja manchmal ganz schön nervig – aber in dieser Beziehung ist das wohl ganz gut gewesen. Die haben nie einen Gedanken daran verschwendet, dass man sie mal schlechter finden könnte. Das ist echt beneidenswert. Aber von Vorteil, nicht?

Nach meinem ersten Treffen hab ich dann mal gesagt, wollt ihr sie eigentlich mal kennen lernen? Da waren beide sich einig und sagten, das fänden sie gut, aber die Entscheidung sollte meine Leibliche treffen. Für die wäre das schwieriger! Ist ja auch wahr. Wenn ich sie das nächste Mal sehe, werde ich sie fragen. Ich fände das super – denn irgendwie gehören ja alle zu mir, und ich würde ihr auch gerne mal zeigen, wo ich aufgewachsen bin. Meine Eltern werden ihr ganz sicher sehr ruhig und positiv begegnen. Naja, können sie ja auch – sie waren in dem ganzen Spiel ja auch die Sieger, da kann man leicht großzügig sein!"

Reaktionen

Abgesehen von dem Einzelfall einer Mutter, die sich für ihren Sohn auf die Suche machte, weil er kein von ihr erwartetes Interesse zeigte, ist über das Ergebnis und die Reaktionen von Adoptivmüttern wenig bekannt. Väter scheinen – mit wenigen Ausnahmen – von dieser Thematik emotional wesentlich weniger berührt, hört man den Schilderungen von Adoptierten zu.

Von einer Adoptivmutter weiß ich, dass sie sich von vornherein über die vermittelnden Jugendämter um Kontakte zu den leiblichen Müttern bemühte. Das Motiv war ein sehr mitfühlendes, warmherziges: Sie wollte den biologischen Müttern vermitteln, dass es ihren Kindern gut geht, dass sie gut aufgehoben sind, dass sie geliebt werden – und sie wollte beiden Müttern Kontakte anbieten in einer Qualität, wie sie den Müttern gut tun würde. In einem Fall hatte sie genau den „Erfolg", den sie beabsichtigte, im anderen Fall gab es Komplikationen: Unvorbereitet, zu schnell, zu spontan – die leiblichen Eltern waren weder gefragt, noch „vorgewarnt" und hatten offenbar auch noch nicht genug Abstand vom Verfahren.

Mit Sicherheit kann man sagen, dass im ersteren Fall eine spätere Suche für alle Beteiligten zufriedenstellend gelingen wird.

Eine andere Adoptivmutter – der Vater hielt sich auch in diesem Falle heraus – hatte mich um Hilfe gebeten, vor allem für sie selber, um Gespräche führen und Emotionen in den Griff bekommen zu können. Sie empfand sich „wie auf dem Prüfstand", als die beiden Kinder gemeinsam die Suche aufnahmen. Dabei ging es ihr weniger um die sich möglicherweise verändernden Beziehungen zu den 18- und 20-Jährigen als viel mehr um die Bewertung der leiblichen Eltern. Welche „Zensuren" würde sie für ihre Erziehungsleistung bekommen? Welche Rückmeldungen? Welche Probleme kämen von Seiten der Eltern, über die sie nur sehr wenig wusste, möglicherweise auf sie zu?

Wir hatten über die mehrmonatige Suchezeit hinweg viele Gespräche in loser Folge. Letztendlich lief alles sehr unspektakulär ab: die Eltern wurden gefunden, freuten sich, es entstand ein loser Kontakt, der von keinem der Beteiligten vertieft werden sollte – und die Adoptivmutter blieb aus allem heraus. Die „Kinder" fuhren gelegentlich zu den Eltern, die beide anderweitig verheiratet waren, berichteten und wandten sich dann wieder dem familiären und beruflichen Alltag zu.

Für die Adoptivmutter war es trotz (oder wegen?) ausbleibender Reaktionen „eine gute und wichtige Zeit". „Ich habe noch mal all die Jahre, die Schwierigkeiten mit der Adoption und mit den Kindern Revue passieren lassen. Ich hatte oft daran gezweifelt, ob wir es damals richtig gemacht hatten, als wir uns für diese Geschwister entschieden. Nach den letzten Monaten, in denen sich alles noch einmal verdichtet hat, bin ich ausgesöhnt."

Nicht ausgesöhnt ist die Mutter einer 25-Jährigen. Sie hatte die Suche nicht gewollt, hat sie auch (ohne es zuzugeben) torpediert, indem sie Wissen zurückhielt und dann mit Angst nach innen und Aggressivität nach außen auf die Suche der Tochter reagierte. Als sich das Verhältnis zur leiblichen Mutter für die Tochter nicht so schnell so intensiv gestaltete wie erhofft, hatte die Adoptivmutter (schuldbeladen!) die Hoffnung, dass „aus der ganzen Sache nichts wird" und die Tochter aufgeben würde. Für die Tochter war es eine harte Zeit – sie hätte sich die Hilfe der Adoptivmutter in Form von ruhigem Zuhören und Akzeptieren und auch dem einen oder anderen Rat gewünscht. – Es dauerte noch zwei Jahre, bis sich die Beziehungen nach der ersten Begegnung zwischen Mutter und Kind annehmbar für alle gestalteten. Aber es blieben Wunden zurück und das Vertrauen hatte einen Riss bekommen.

Wie Adoptiveltern sich fühlen und verhalten, kann im Vorherein niemand sagen – ebenso wenig wie irgendein Fakt bei dem gesamten Suchevorgang für einen der vielen Beteiligten vorausgesagt werden kann. *Bei jedem ist alles möglich* – und das bedeutet, dass Außenstehende niemals ab- oder zuraten dürften. *Die Betroffenen entscheiden, bekommen Hilfe, wenn sie wollen und tragen als Erwachsene dann auch alle Konsequenzen ihrer Entscheidung!*

Versöhnung

Die Angst von Adoptiveltern, ihre Kinder zu verlieren, wenn diese ihre leiblichen Angehörigen gefunden haben, ist ungeheuer stark ausgeprägt. Sie scheint auch diejenigen Eltern heimzusuchen, die mit viel Verstehen und guter Einfühlung ihre Kinder durch alle problematischen Jahre der Adoption zugeführt haben.

Sie sollten aber wissen, dass ihre Kinder ganz anders über dieses Problem denken, dass sie nie die Absicht haben, ihre Adoptiveltern zu ersetzen oder zu entthronen. Kinder, die *bewusst* mit zwei „Elternschaften" aufgewachsen sind, können auch als junge Erwachsene mit diesem Thema umgehen. Sie haben keine Probleme damit, eben zwei Elternpaare zu haben. Die Beziehungen werden nie identisch sein – ebensowenig, wie sich die Gefühle in verschiedenen Freundschaften im Laufe des Lebens gleichen!

Adoptierte schaffen es selten, ihre Eltern zu beruhigen über das, was sie planen. Die „Vorwegängste" der Eltern sind meist so ausgeprägt, dass sie sich einen positiven Verlauf nicht vorstellen können. Die Verlustangst überschwemmt alle Gefühle – und oft auch den Verstand.

Weil Adoptierte das wissen oder ansatzweise schon erlebt haben, suchen manche ohne vorausgehende Informationen – und weihen dann erst die Eltern ein. Wie sie das tun und was sie sich dabei denken, hat Martin Studer anschaulich in seinem Suche-Bericht geschrieben. Möge er Adoptiveltern ein Teil ihrer Angst nehmen!

- „Kaum waren zwei Monate seit dem ersten Treffen mit meiner leiblichen Mutter vergangen, drängte es mich, darüber meine Adoptiveltern zu informieren . . . An einem Wochenende fragte ich meine Eltern ohne Vorwarnung, ob ich die schriftlichen Unterlagen über meine Adoption einsehen könne, da ich meine Mutter finden wolle . . . Ihre Angst drückten sie in Fragen aus. Vor allem Mutter befürchtete, ich würde das Zuhause wechseln und sie damit ins Abseits drängen. Nach längerer Diskussion überreichten mir die Eltern alle geforderten Schriftstücke, obgleich mit unguten Gefühlen. Jetzt war der richtige Zeitpunkt gekommen, ihnen mitzuteilen, dass ich mich mit meiner leiblichen Mutter bereits mehrmals getroffen hatte . . . Mit dieser Taktik wollte ich meinen Eltern zeigen, dass sich die Beziehung zu ihnen nicht verschlechtert hatte. *Im Gegenteil, die Beziehung zu meinen Eltern hat gewonnen,* weil mich jetzt die Suche nach meiner Herkunft nicht mehr belastet. Zu dieser Erkenntnis sind nach anfänglicher Skepsis auch sie gelangt. Sie haben ihre Verlustangst überwunden und können sich heute besser in meine Situation einfühlen." (Martin Studer, S. 167).

In den letzten zehn Jahren hat sich in der „Suche-Szene" sehr viel geändert. Adoptierte gehen selbstverständlicher mit diesem Thema um, zumal dann, wenn sie sich in Selbsthilfegruppen organisiert haben und sich austauschen können. Sie kennen in der Regel ihr *Recht,* über ihre Abstammung Informationen einholen zu dürfen. Dieses Recht ist verfassungsgerichtlich zugesichert! Insofern können sie sich den Vermittlungsbehörden und Jugendämtern gegenüber selbstbewusster artikulieren, und andererseits wissen diese Ämter, dass sie gegen keine gesetzlichen Regelungen verstoßen, sondern sogar Auskunft geben müssen. Wenngleich leibliche Eltern keine Rechte auf Suche und Auskunft gerichtlich zugestanden würden, wird heute wohl kaum noch ein Sachbearbeiter eine Mutter abweisen, die etwas über ihr Kind erfahren möchte. Wenn er es tut, dann oft nur aus Überforderung (psychisch, arbeitstechnisch) oder aus Faulheit, die Akte nach 30 Jahren aus dem Keller suchen zu lassen oder selber in alten Archiven zu graben. In diesem Falle hilft ein sachlich-bestimmtes Auftreten, ein begründetes Bitten und Beharrungsvermögen.

Was Adoptiveltern anbelangt, steht ihnen ebenfalls eine jede Hilfe und Beratung zu. Diese ist nicht mit Abschluss der Adoption beendet. Die beste Methode ist aber noch immer das Gespräch mit Gleichbetroffenen – ob in Selbsthilfegruppen organisiert oder „nur" im Freundeskreis. Dabei werden Erwartungen und Ängste zurechtgerückt und möglicherweise noch Tipps ausgetauscht.

Adoptionen weltweit

„Denk einfach, diese Frau dort sei deine Mutter“, sagt der Adoptivvater Wolfgang Wimmer zu seinem Sohn, mit dem er zehn Jahre nach der Adoption in dessen südamerikanisches Heimatland Ecuador reist. Die Mutter ist nicht mehr aufzufinden – ebensowenig, wie sie elf Jahre zuvor gefunden werden konnte, nachdem sie auf den Marktplatz ging und nie wiederkam.

Vater und Sohn machen eine Reise in die Vergangenheit und durch die Vergangenheit. „Ausgesetzt“ oder „verloren“ sind die Worte, die das Kind beschäftigen – es liegen Welten dazwischen und es liegt Identitätssuche in ihnen: Stamme ich von einer Mutter ab, die mich *verlassen* hat oder hat sie mich *verloren,* nie wieder gefunden und bangt noch heute um mich? Nach dem Vater wird erst gar nicht gefragt! Das Kind hat vage Erinnerungen – es war drei Jahre alt oder vielleicht auch schon ein bisschen älter – niemand weiß es. Als es mit dem Vater die Dörfer besucht, erkennt es den Bach, an dem die Wäsche zum Trocknen ausgelegt war, es erkennt Straßen und Wege – und es erkennt sich selber in den Kindern, die am Straßenrand knien und betteln: „Ich weiß doch nicht, wer ich bin“, klagt das Kind. „Ich bin eines dieser Kinder hier und ich bin jemand, der mit dem Auto an ihnen vorbeifährt. Ich bin der Bettler und zugleich der, der ihm das Geld gibt. Wer bin ich denn?“

Die Worte eines knapp vierzehnjährigen Jungen! Es könnten auch die Worte einer vierundzwanzigjährigen Frau oder eines dreißigjährigen Mannes sein.

Wie vielen Adoptierten es je gelungen ist, einen Elternteil in einem Dritte-Welt-Land zu finden, aus dem er stammte, ist mir nicht bekannt. Es sind sehr wenige Einzelfälle, die oft nur auf Zufall beruhen. Die meisten Adoptierten aus diesen Ländern müssen sich mit der Tatsache abfinden, dass ihre biologische Vergangenheit im Dunkeln bleiben wird. Eine erfolgreiche Suche wäre nur dann möglich, wenn Kinder ganz regulär aus Heimen vermittelt wurden, die Beziehungen zu den abgebenden Müttern unterhielten und Akten mit Unterlagen anlegten. (vgl. dazu die Studie von Klinkhammer). Wir können nicht davon ausgehen, dass alle Kinder, die aus Entwicklungsländern zu uns kommen, reguläre Vermittlungen durchlaufen haben, die sich zurückverfolgen lassen, oder dass sie elternlose Findelkinder waren – auch wenn diese *Annahme* alles erleichtert. Mit Sicherheit werden Kinder, die „gekauft" waren und/oder über manche dubiosen Formen von Privatadoptionen in den Westen kamen, ihre Eltern nicht mehr finden. Nicht selten wurde den Müttern auch gesagt, dass ihre Kinder gestorben seien (siehe dazu Bach, 1986).

Betroffene, weltweit auf der Suche

Je länger man sich mit dem Thema Suche befasst, um so deutlicher wird, wie viele Menschen in vielen Ländern durch irgendwelche Ereignisse aus ihren sozialen Gefügen gerissen wurden – oder nie die Chance hatten, in Gruppierungen zu leben, die sie aufgrund von Vollständigkeit und Vollzähligkeit befriedigen können. Kriege, Fluchten, Katastrophen, Besatzungsmächte, verbotene Beziehungen mit Folgen . . .

dies alles erzeugt und hinterlässt Menschen, die fremdplatziert wurden, die auf ihre Angehörigen verzichten müssen und sich dadurch unvollständig vorkommen.

Vor einiger Zeit bekam ich mehrere Briefe von einer *holländischen* Selbsthilfegruppe mit der Bitte um Rat. Alle Mitglieder waren „Kinder" von Holländerinnen und deutschen Soldaten aus der Kriegs- und Besatzungszeit. Keiner von ihnen war unter 50 Jahre alt – einige waren adoptiert, andere nicht. Alle waren nichtehelich oder scheinehelich. Alle waren auf der Suche nach ihren deutschen Vätern, nach Geschwistern, nach irgendwelchen Informationen, Fotos, Hinweisen. Sie hatten zum Zeitpunkt ihres Briefwechsels mit mir alles an Archiven und Suchediensten erfolglos bemüht. Einige von ihnen lebten in tiefem Gram mit ihren Müttern, weil diese keine oder zu wenig Informationen herausgaben, wobei den „Kindern" nicht klar war, ob sie nicht anders konnten oder nicht wollten. Der Interessenkonflikt lag auf der Hand: Die schon alten Mütter wollten ihre Ruhe, wollten „kein Aufwärmen alter Geschichten", und die „Kinder" hatten die Suche zu einer Obsession gemacht. Mein hilfloser Rat, dass man ab einem bestimmten Zeitpunkt nur noch an der Akzeptanz unabänderlicher Tatsachen arbeiten könne, wurde empört zurückgewiesen. *Suche war für diese Menschen zu einem Lebenszeitthema geworden.*

In *Norwegen* gab es ebenfalls „Kinder der Schande". Veslemy Kjendsli schätzt ihre Zahl in dem gleichlautenden Buch auf ca. 9000 „Deutschenkinder", die in ihrem Geburtsland nie die volle Anerkennung fanden. Ihre Mütter hatten sich mit deutschen Besatzungssoldaten eingelassen. Als diese abzogen, ließen sie mit wenigen Ausnahmen Frau/Freundin und Kind(er) zurück. Um sich selber vor Nachrede zu schützen, wurden viele dieser Kinder in Heime oder zur

Adoption gegeben – vermutlich auch nach Deutschland, wo sie als Mitglieder der „nordischen Rasse" damals gerne gesehen waren.

In *Frankreich* wurde für dieses Kapitel der Geschichte eine gesonderte Lösung gefunden: Um die Französinnen, die engere Beziehungen zu Deutschen hatten und Kinder bekamen, vor den Diskriminierungen im eigenen Lande und vor gefährlichen Eingriffen zu schützen und weil jedes Land in und nach einem Krieg einen erhöhten Menschenbedarf hat, wurde 1941 vom Vichy-Regime die Möglichkeit der anonymen Geburt gesetzlich eingeführt. Frauen konnten (und können noch heute) in ein Krankenhaus gehen und ohne Hinterlassung ihres Namens entbinden. Die Kinder firmieren unter „Baby X" und bleiben ihr Leben lang anonym und wurzellos. Einmal eingeführt, wurde das Gesetz beibehalten. In den vergangenen 60 Jahren gab es nach französischen Schätzungen rund 400000 anonyme Geburten, in manchen Jahren bis zu 10000. Wieso niemand auf die Idee kam, dieses *Kriegs*gesetz irgendwann wieder abzuschaffen, kann nur gedeutet werden. Immerhin geht es inzwischen um die Gewinnung der seltenen „Ware" Adoptivkind. Inzwischen werden noch rund 650–700 anonyme Geburten pro Jahr registriert, und man nimmt an, dass in Grenzstädten dieses Angebot auch von Ausländerinnen angenommen wird. Unter großen und langen Mühen haben Adoptierte, die als „X" ihr Leben gestalten müssen, kürzlich erste Lockerungen durchgesetzt: Die Mütter müssen (bzw. sie werden dann „gebeten") minimale Hinweise auf ihre Identität hinterlassen. Die Angaben werden in Umschlägen und Akten aufbewahrt. Eine staatliche Behörde soll später zwischen Mutter und Kind vermitteln, wenn beide den Kontakt wollen. „X-Mütter" können seit 1993 die *Anonymität* der Geburt nachträglich aufheben – aber nur sie! Die Adoptierten müssen in der Ungewissheit verharren, ob ihre Mütter sich wohl melden werden. Sie selber haben weder Rechte noch Möglichkeiten, nach ihren Wurzeln zu fahnden, wenn sie als „Baby X" geboren wurden. Inzwischen reicht ihnen diese Regelung nicht mehr. Sie wollen ein Recht auf ihre Identität, ihre Abstammung und sehen die derzeitige Lockerung nur als einen ersten Schritt. Seit dem 31. 5. 2001 wird eine neue Regelung pro Abstammungsrecht eingeführt.

Besonderheiten der Suche bei Auslandsadoptionen

Der Begriff Auslandsadoption kann leicht irreführend sein. Wenn in der Adoptionsliteratur zu Beginn des 21. Jahrhunderts dieser Begriff fällt, ist die Adoption gemeint, zu der (kinderlose) Paare Kinder aus Krisengebieten, so genannten Schwellenländern und Dritte-Welt-Ländern nach Deutschland holen „zum Zwecke der Adoption".

Derzeit sind es rund 700 Kinder pro Jahr, die betroffen sind. Das ist die offiziell bekannte Zahl. Wie viele Kinder unter Umgehung staatlicher Adoptionsregelungen ins Land geholt werden, um sie nach ein bis drei Jahren in der Erwartung einer nachträglichen Genehmigung den Adoptionsbehörden zu präsentieren, ist unbekannt! Dass die Jugendbehörden nach einer so langen Zeit gewachsener Bindung gegen eine Adoption nichts mehr einwenden können, ohne gegen das „Kindeswohl" zu handeln, ist beabsichtigt. Unbekannt ist, bei wie vielen „Fällen" Kinderhandel im Spiel ist.

Mit Sicherheit wissen wir, dass es einen staatlich geduldeten (?), geförderten (?) „Kinderhandel" gibt, bei dem nicht mehr wie einst Einzeltäter mit einigen Hintermännern in den Herkunftsländern der Kinder die Hand aufhalten, sondern dass die Geschäfte staatlich sanktioniert über „Spenden“ und „Gebühren“ und die nachträgliche Übernahme von Pflegegeld für das (Heim-)Kind geregelt werden. Verteilt auf viele Stellen, Organe, Behörden, Fachleute . . . kommt der Preis für ein Kind zusammen: 20 000,- bis 50 000,- DM, ohne dass von Handel im eigentlichen Sinne gesprochen werden dürfte.

In den 60iger und 70iger Jahren stand das einzelne notleidende Kind im Vordergrund. Dass „die Auslandsadoption in ihrem begrenzten Ansatz nach nicht geeignet (ist), die Zunahme des Kinderelendes in der Dritten Welt aufzuhalten“, (Kühl 1990, S. 3) war Organisatoren immer klar – wenngleich viele Adoptiveltern bis heute Auslandsadoptionen als ihren „persönlichen Beitrag zur Entwicklungshilfe“ verstanden wissen wollen.

Der Vorwurf des Neokolonialismus ist begründet, geht es doch inzwischen nur noch um einen Markt, der von der hohen Nachfrage in den reichen Industrieländern bestimmt wird. „Von einer bescheidenen Maßnahme internationaler Kinderhilfe“ droht diese Form der Adoption „zu einem modernen Instrument internationaler Kinderbeschaffung großen Stils zu verkommen“ (a.a.O., S. 3).

Für das Thema „Suche“ bedeutet Auslandsadoption:

- Je offizieller sie verlaufen ist, um so eher sind Daten zur Herkunft der Kinder ermittelt und festgehalten worden.
- Je illegaler und dubioser der Fall abgewickelt wurde, um so weniger gesichertes Wissen steht zur Verfügung.
- In Katastrophen- und Kriegsgebieten ist es oft unmöglich, gültige Papiere der Kinder zu erhalten. Damit es überhaupt zu einer Adoptionsvermittlung kommen kann, werden gelegentlich Namen erfunden und Geburtsdaten geschätzt.

Bei der Suche nach Angehörigen haben wir es in Deutschland aber auch noch mit Altlasten zu tun: mit Adoptionen, die in der Nachkriegszeit bis in die 70iger Jahre (als Deutsche bereits Kinder aus Vietnam aufnahmen) von Deutschland aus in die USA vermittelt wurden. Laut Ingrid Baer waren es 5019 deutsche Kinder alleine von 1963 bis 1966, die in die USA vermittelt wurden. Was sich über Jahrzehnte dann umkehrte, geschah zuvor: Vor allem Amerika und Schweden holten sich Kinder aus einem Land, in dem „die Pille“ sich noch nicht durchgesetzt hatte, in dem ledige Mütter diskriminiert wurden und in dem der Schwangerschaftsabbruch noch mit großen Hürden verbunden war.

Das bedeutet, dass zu Beginn des 21. Jahrhunderts 30 bis 50 Jahre alte Menschen in den USA noch nach ihren biologischen Wurzeln in Deutschland fahnden und 20- bis 39-jährige Deutsche ihre Familien in Süd-Ost-Asien und Südamerika suchen. Wie viele der rund 25 000 Adoptierten, die schätzungsweise aus fernen Ländern nach Deutschland kamen, sich auf die Suche machen, ist unbekannt – wie der gesamte Umfang des Suchethemas. Es beschäftigt zwar zunehmend alle mit Adoptionen befassten Behörden, eine einheitliche Statistik gibt es jedoch nicht.

Im Folgenden sollen (mühsame) Suche-Ansätze aus verschiedenen Ländern skizziert werden. Dass Kriegs- und Nachkriegskinder inzwischen aus diesem Thema altersbedingt herausgefallen sind, ist nicht richtig. Adoptierte beginnen mit 16, 18, 25 Jahren mit ihrer Suche, aber ich habe auch selber schon über 50 Jahre alte kennen gelernt, die suchen: teils weil sie erst so spät und durch Zufall von ihrer anders als geglaubten Abstammung erfuhren, teils weil sie schon seit 30 Jahren erfolglos suchen und diese Suche zu einem wesentlichen Teil ihres Lebens geworden ist.

(Adressen siehe Anhang)

Deutschland, USA, Schweden, Ecŭador, Korea, Vietnam, Bolivien, Rumänien, Russland ... *Adoptivkinder stellen in und nach* Revolutionen und Kriegen *eine Völkerwanderung in sich dar.*

Identität und Kultur

Ein Kind aus einem solchen Land aufzunehmen, muss fast zwangsläufig Rettungsphantasien erzeugen. Adoptiveltern sprechen denn auch gerne davon, „lauter kleine Rettungsstationen" zu sein oder von „unserem ganz persönlichen Beitrag für die Entwicklungshilfe" oder wie Marianne Österreicher (in ihrem Buch „Tagebuch für meine indianische Tochter") von ihrer Vorstellung, „auf diese Weise einen Beitrag zur globalen Vernetzung auf dieser Erde zu leisten". Bindungen über Kontinente schweben ihr vor, und sie macht keinen Hehl daraus, eines von vielen tausenden Kindern retten zu wollen.

Rettung aus Lebensgefahr – kann sie je im Leben genug gedankt und abgegolten werden? Rettung aus einem Elendsland, aus dem Schmutz der Gosse, aus dem rückständigen Milieu – kann sie je beitragen zu einem Leben in Harmonie und Gelassenheit?

Was erleben Kinder, Jugendliche und Jungerwachsene bei der Auseinandersetzung mit dieser ihrer Herkunft?

• Ji Yuhn, die junge Schweizerin aus Korea hat zu ihrer Abkunft die Phantasie, ihre Mutter sei Prostituierte gewesen und habe sie als Missgeschick nicht brauchen können. Sie sei sehr zornig auf sie gewesen, als sie auf dem Weg war, einen neuen Erdenbürger zur Welt zu bringen. Letztlich habe sie ihr Kind dann „heimlich geboren, bei Nacht in eine

Mülltonne gesteckt oder in eine Decke gewickelt vor der Tür des Heimes hingelegt. Je mehr ich darüber brütete, desto verzweifelter wurde ich, und ich verdammte mein Schicksal in Grund und Boden." Welche fehlinformierende oder passive Rolle die Adoptiveltern in dieser Verzweiflung spielten, bleibt ungesagt. Ji Yuhn hatte keine anderen Phantasien. Sie träumte von Korea als dem Land der Morgenstille, aber sie wusste nichts anderes zu glauben, als dass sie wie Abfall fortgeworfen worden war – in einem Land mit negativen sozialen Verhältnissen und rigiden Moralvorstellungen. Ihre Insuffizienzgefühle, ihr Unwert-Sein paaren sich in fataler Weiser mit den Dankbarkeitserwartungen der Adoptivmutter, die einem armen Waisenkind aus Korea die Hand zum Leben gereicht hat. Die Aggressivität des Mädchens steigt, diese wiederum macht Schuldgefühle, diese wiederum steigern das Gefühl absoluter Minderwertigkeit. Der Teufelskreis ist geschlossen: Was ist schon jemand wert, der in eine Mülltonne geworfen wurde in einem Land des Rückschritts und der Armut?

Vielleicht war sie aber gar nicht fortgeworfen worden? Vielleicht ist ihr Heimatland gar nicht oder nicht nur rückschrittlich? Warum muss ein Mensch seine Lebensgeschichte, deren Anfang fehlt, nur in negativsten Modellen phantasieren? Ist da niemand, der zumindest sagt: „Ja, so *kann* es gewesen sein. Vielleicht war aber alles auch ganz anders?"

An diesem Punkt sind sowohl Sozialpädagogik wie auch Politik gefragt: Die Sozialpädagogik, um die Eltern fortlaufend für den Umgang mit Kindern zu beraten und die Politiker, um die 30 bis 50 bis 70 Prozent der illegalen Auslandsadoptionen zu stoppen, deren Akteure sich jeder Beeinflussung und Beratung entziehen.

• *„Niemandskinder gibt es nicht"*, schreibt eine Adoptivmutter auf der Suche nach den leiblichen Eltern ihrer zweiten peruanischen Tochter. Sie lässt sich vom Krankenhaus, in dem die Geburt stattfand, nicht abweisen. Sie geht selber auf die Suche – und findet die Mutter: verhärmt, wortlos, hinter ihr sechs weitere Kinder. Ein mitgebrachtes Geschenk kann sie nicht annehmen – sie scheint die Gesten des Gebens und Nehmens nicht zu kennen. Keine Bilderbuchmutter – aber ein Lebewesen aus Fleisch und Blut, ein Mensch mit Geschichte und Schicksal und keine Nummer im Adoptionsregister.

Die Adoptivmutter wird ihrer Tochter immer berichten können von dieser Begegnung – und die Adoptivtochter wird das Band erspüren, das sie alle drei miteinander verbindet. Sie ist kein Niemandskind – auch dann nicht, wenn die Mutter von ihr entbunden wurde, nach zwei Stunden aus dem Krankenhaus verschwand und die Tochter fremden Menschen überlassen musste.

Was ist nun aber mit den Kindern, die scheinbar oder wirklich niemanden mehr hatten, als sie irgendwo abgeliefert oder gefunden wurden? Mögen sie auch „Findelkinder" sein – sie sind niemals „Niemandskinder"! Wenn sie ihre Identität nicht ableiten können aus ihrer eigenen und der Lebensgeschichte der Eltern, dann haben sie zumindest eine Identität, die sich aus ihrer Nationalität und der Geschichte ihres Herkunftslandes ableitet.

Ein Kind aus Peru ist *auch* ein Peruaner, ein Kind von den Philippinen eine Philippina, ein Kind aus Rumänien ein Rumäne, oft ein Roma. Auch wenn sie durch Adoption *juristisch* Österreicher, Deutsche, Schweizer werden, sie müssen die Identität ihres Heimatlandes wahren dürfen. Sie müssen lernen, dass ihre Geschichte wo anders liegt als ihre derzeitige Staatsangehörigkeit. Sie müssen wissen, wo ihre Lebensgeschichte ihren Anfang nahm und sie müssen von Anfang an so liebevoll und sorgfältig über ihr Heimatland aufgeklärt werden, wie man es über ihr Gastland ganz selbstverständlich tut.

Keine deutschen oder österreichischen Eltern werden ihren Kindern als erstes von Pennern, Prostituierten, Obdachlosenlagern und Gefängnissen berichten, in denen sich die sozialen Probleme eines jeden Staates bündeln! Warum dann geschieht das bei Kindern aus so genannten Drittweltländern?

Wir ziehen unsere Kinder auf mit den Märchen der Heimat, mit Schriftstellern und Musikern – warum geschieht das Gleiche nicht oder nur selten bei Kindern aus Schwellenländern?

Die Indianer Südamerikas, die Indios, haben eine der ältesten und größten Kulturen der Welt, noch immer voller Geheimnisse. Ein Kind, das mit diesen aufwächst, kann später auch akzeptieren, dass es Slums und Kriminalität in seinem Lande gibt – wie überall auf der Welt!

Südostasien hatte Hochkulturen, von denen Archäologen noch heute träumen. Seine Märchen und Geschichten sind bunt und voller Mythen. Große Denker haben dort gelebt und gearbeitet, Weltreligionen wurden dort geboren. Ein Kind, das mit diesem Wissen aufgezogen wird, das aus dieser Kultur einen Teil seiner Identität bezieht, kann später auch verarbeiten, dass die Prostitution dort überhand nimmt und . . . zigtausende von Menschen am Rande des Existenzminimums leben.

Ein Kind, mit der Geschichte, Kultur und den geistigen Schätzen seines Landes aufgewachsen, wird in seinem Innersten nicht mehr im Mark getroffen, wenn es mit den Missständen konfrontiert wird. Vor allem wird es sich nicht mehr nur mit diesen identifizieren. Und Adoptiveltern, die diese Kultur schätzen und ihr neues Kind als einen Abkömmling dieser Kultur sehen, werden nicht mehr von der „Rettung der Ärmsten der Armen“ sprechen. Betonen, was vorhanden ist und nicht nur herausstreichen, was fehlt, ist auch Zeichen der Wertschätzung eines Menschen – egal woher er stammt! „Ich habe das kostbare Gut einer alten Kultur in mein Heim aufgenommen“ ist nur eine *andere* Betrachtungsweise der Tatsache, ein Slumkind adoptiert und „gerettet“ zu haben, das niemandem mehr zugehörte. Aber mit welcher dieser beiden Sichtweisen wachsen Adoptivkinder heute auf und welche Ergebnisse zeitigen sie?

Noch eine zweite Medaille mit zwei Seiten gibt es bei der Adoption und der Erziehung ausländischer Kinder zu betrachten: Gehören sie in das Land ihrer Väter? Oder in das ihrer Adoptivmütter?

● Michaela hat sich mit zwanzig Jahren entschieden. Sie ist das Kind spanischer Eltern, von Deutschen adoptiert. Auf Anregung der Adoptiveltern hat sie spanisch gelernt, und zum Abitur bekam sie eine Wanderung geschenkt: eine dreiwöchige Pilgerreise von Frankreich über die Pyrenäen nach Santiago de Compostela. Mutter und Tochter liefen gemeinsam diesen Weg, und erst viel später wurde beiden im Gespräch bewusst, dass es so etwas war wie ein Angebot der deutschen Mutter, sie an Spanien „zurückzugeben“. „Ich habe dich übernommen und aufgezogen. Ich habe dir deine Kultur und Sprache nahegebracht und jetzt begleite ich dich zurück über die Grenze. Nun wähle.“

Michaela hat gewählt: Sie hat ihren früheren spanischen Vornamen hinzugenommen. Sie hat einen spanischen Freund. Sie lernt weiterhin ihre Heimatsprache, gehört der spanischen Gemeinde an – und lebt zufrieden in Deutschland, zehn Minuten Fußweg von den Adoptiveltern entfernt.

● Ji Yuhn, das Mädchen aus Korea, hat diese Integration zwischen den beiden Heimatländern nicht geschafft. Möglicherweise liegt es an der Unterschiedlichkeit der Kulturen, eher aber doch an der Haltung der Adoptiveltern, die ein Kind für sich ganz alleine wollten (ein legitimer Wunsch!) – es offiziell aber „gerettet" haben vor dem ziemlich sicheren Tod in Schmutz und Slum und dafür Dank und Anerkennung erwarten.

Ji Yuhn schreibt: „Ein anderer Punkt bei der Identitätsfindung war die Frage der Verwurzelung. Wo ist meine Heimat, hier oder in meinem Herkunftsland? In der Schweiz fühlte ich mich nie wirklich zu Hause . . . und Korea war weit weg . . ."

Ji Yuhn entscheidet sich kurzfristig, nach Korea zu fahren – so wie sich viele junge Adoptierte entschließen, das Land ihrer Väter und Mütter kennen zu lernen, um Klarheit über die Vorfahren und somit über sich selbst zu gewinnen. Die Erlebnisse dieser Adoptierten sind so vielfältig wie die einzelnen Biographien. Die Ergebnisse für die Identitätsfindung aber lassen sich in drei große Gruppen einteilen:

1. Das Land der Herkunft erscheint fremd, abweisend, abstoßend. Im Vordergrund werden selektiv Armut, Schmutz, Korruption und Kriminalität wahrgenommen. Das Land der Herkunft wird vehement abgelehnt. Es findet eine schnelle, überstarke Identifizierung mit dem Adoptionsland statt, selbst dann, wenn es aufgrund der anderen Rasse, des anderen Aussehens zu Problemen kommt. Diese werden abgedrängt, geleugnet – und tauchen so tief unter, dass sie später kaum noch bewältigt werden können. Ebenso verdrängt wird die Herkunft: „Das ist nicht mein Land, dort gehöre ich nicht hin, mit diesen Menschen habe ich nichts gemein, nichts zu schaffen." Wer sich je etwas Völkerverbindendes bei Adoptionen versprochen hat, muss sich in diesen Fällen als krass getäuscht finden.

2. Es tritt das genaue Gegenteil ein – das Gefühl, endlich nach Hause gefunden zu haben, endlich wieder angekommen zu sein. Dieses Erlebnis ist eng gekoppelt mit der Fähigkeit, die Sprache des Herkunftslandes zu verstehen und zu sprechen.

Michael, Sohn eines schwarzen US-Soldaten, spricht mit 19 Jahren fließend amerikanisch, und er spricht eine zweite Sprache: die der Musik! Er beherrscht mehrere Instrumente und Stilrichtungen, und als er sich das erste Mal aufmacht in das Land seines unbekannt gebliebenen Vaters, weiß er: „Das ist mein Land. Hier bin ich willkommen. Hier falle ich nicht nur nicht auf, sondern meine Musik öffnet mir alle Türen." Michael, der sich ab sofort Mike nennt, beendet nach der Heimkehr noch schnell seine Schule und geht – er wird in den USA studieren und musizieren und sich dort sein Leben aufbauen. „Deutschland", so sagt er, „war nur eine Etappe in meinem Leben, Wartesaal sozusagen. Meine Wurzeln liegen bei den Schwarzen in Amerika."

Er verkennt nicht die Rassendiskriminierung in den Staaten – aber er wird sich auch weniger im weißen Amerika als im schwarzen bewegen, in das er aufgenommen wird als der Sohn eines Schwarzen – nicht als Mischling, nicht als Ausländer und nicht als Eindringling. Gleichwohl gilt es für Mike auch keinen Kulturschock beim Wechsel zwischen Deutschland und den USA zu bewältigen. Bei allen sozialen Härten und einem augenfälligen Elend in den USA kann man sich durch Meidung und Wegsehen durchaus noch die Illusion wahren, in „Good's own country" zu sein.

3. Die dritte und vermutlich auch größte Gruppe ist die Gruppe der Adoptierten, die nach dem Kennenlernen ihres Heimatlandes nicht nur keinen Frieden finden, sondern sich zerrissener fühlen denn je. Die Ambivalenzen vertiefen sich, das Gefühl der Heimatlosigkeit wird stärker. Herrschten

vor dem Besuch noch Hoffnungen auf das Finden von Heimat, sind diese nun auch noch zerschlagen. „Ich kann ihre Sprache nicht, ich bin nicht dunkel genug, ich bewege mich anders, ich kleide mich anders ... Selbst wenn ich Fototasche und Reiseführer im Hotel lasse, bin ich nicht eine von ihnen. Es ist, als riechen sie, dass ich aus einem anderen Land komme. Ich habe nicht mehr ihren Stallgeruch", schreibt Elvira, adoptiert aus Bolivien, Tochter einer Bolivianerin und eines Weißen.

Elvira sieht auch die Gründe: „Ich bin meinem Volk entfremdet worden. Was ich über Bolivien weiß, habe ich mir aus Lexika angelesen. Ich habe mir Fotobände gekauft und von dem Land geträumt – aber ich habe nie Menschen aus diesem Land kennen gelernt. So blieb immer alles abstrakt, eine Mischung aus Daten und Fakten einerseits und Sentimentalität andererseits. Ich war über mich selber erschrocken, als ich zum ersten Mal die Menschen dort sah: Ich fand sie so hässlich und so wollte ich nicht sein. Nein, dort werde ich nie die Ruhe finden und ich muss sehen, was ich aus meiner Staatsbürgerschaft und Zugehörigkeit zu den Deutschen mache. Ich habe nichts gegen sie, und ich habe auch nie Nachteile gehabt – aber ich fühle mich eben nicht wie in einer Heimat bei ihnen. Jetzt nach der Reise bin ich erst recht heimatlos – hier nicht und dort nicht – wo gehöre ich hin? Es ist, als ob ich erst eine ganz neue Identität für mich finden müsste."

Die rechtlichen Grundlagen ...

Die Kinderrechtskonvention der Vereinten Nationen (1989) gesteht jedem Kind das Recht auf seine Herkunftsfamilie, das Recht auf kulturelle Identität und das Recht auf Identität zu.

1993 verabschiedete die Haager Konferenz für internationales Privatrecht das „Übereinkommen über die Zusammenarbeit und den Schutz von Kindern auf dem Gebiet der grenzüberschreitenden Adoption". Diese Konvention setzt das Wohl des Kindes an die erste Stelle und legt fest, dass Auslandsadoptionen nur dann stattfinden können, wenn die Rechte der Kinder gewahrt werden. So wird eine Auslandsadoption nur dann möglich, wenn im Herkunftsland keine andere Möglichkeit besteht: Erst wenn weder die eigene Familie das Kind behalten kann, noch andere Familien im Land es annehmen, kann über eine Adoption im Ausland nachgedacht werden. Alle Beteiligten sind verpflichtet, diese Alternativen konkret zu prüfen. Vermitteln dürfen nur anerkannte Stellen, auf keinen Fall darf irgend eine Seite einen finanziellen Vorteil durch die Vermittlung erlangen.

Bisher haben 17 Herkunfts- und Aufnahmeländer die Haager Konvention ratifiziert. Weitere 15 Länder, darunter auch seit Ende 1997 die Bundesrepublik Deutschland, haben die Konvention gezeichnet und befinden sich im Umsetzungsprozess.

So müssen zum Beispiel das Adoptionsverfahrensgesetz und das Strafgesetz nach den Vorgaben der Konvention geändert werden. Weiterhin müssen Standards erarbeitet werden, die für Vermittlungsstellen in Deutschland verbindlich sind.

Zum Zeitpunkt der Fertigstellung des Skriptes liegt der Regierungsentwurf vor. Er geht in die parlamentarische Beratung.

Terre des hommes fordert hier, dass bei der Neuregelung des Adoptionsvermittlungsgesetzes erstmals die Belange der Auslandsadoptionen und die damit verbundenen speziellen fachlichen Erfordernisse berücksichtigt werden. Terre des hommes fordert auch, die fachlichen Standards für existierende und neugegründete Vermittlungsstellen diesen Erfordernissen anzupassen und fortlaufend zu überprüfen. (Dabei geht es vor allem um die langfristige Betreuung der Adoptivfamilien und die Vorbereitung der Eltern auf die Probleme, die ein Teil der Kinder aufgrund traumatischer Erlebnisse im Herkunftsland hatten.)

Besonderes Augenmerk ist darauf zu richten, dass solche Vermittlungsstellen auf keinen Fall ihre fachlichen Standards im Auswahl- und Vermittlungsverfahren finanziellen Erwägungen opfern. Darüber hinaus ist Vorsorge zu treffen, dass die neuen Formen der Auslandsadoptionsvermittlung (zum Beispiel durch das Internet) die geltenden Standards nicht unterlaufen können (terre des hommes 2001).

Der Internationale Sozialdienst (ISD) als wesentliche Suche-Behörde

Der Gesamtverband *International Social Service* besteht seit 1924 und setzt sich zusammen aus einem Generalsekretariat in Genf, angeschlossenen Zweigstellen, Büros und Korrespondenten in zahlreichen Ländern der Erde. Er ist ein freier Wohlfahrtsverband, der Ländergrenzen überbrückt. Als eine internationale, politisch und religiös ungebundene Organisation leistet er Einzelfallhilfe und unterstützt durch Grundsatzarbeit neue Entwicklungen in der Sozialarbeit sowie Gesetzesreformen.

Der *Internationale Sozialdienst, Deutscher Zweig e.V. (ISD)* ist Teil des internationalen Netzwerkes des Gesamtverbandes. Er ist Verbindungsstelle zwischen deutschen und ausländischen freien Trägern der Sozialarbeit, zwischen Jugend- und Sozialbehörden, Vormundschafts- und Familiengerichten im In- und Ausland. Er behandelt Einzelfälle, die aus dem In- und Ausland an ihn herangetragen werden. In Deutschland ist er die zuständige Stelle, um Sozialberichte aus dem Ausland zu beschaffen.

Der ISD kann von jedermann um Beratung und Mitarbeit gebeten werden. Sowohl Einzelpersonen als auch freie Träger der Sozialarbeit, Behörden und Gerichte können sich an den ISD wenden (ISD 1998).

Er steht mit über 120 Ländern der Welt in Verbindung, in 19 Ländern verfügt er über Zweigstellen. Der ISD hat eine Vielzahl von Aufgaben. Für das Thema des Buches greife ich „Adoption" und „Suche nach der Herkunftsfamilie" heraus und zitiere wiederum aus der Informationsbroschüre:

„Adoptionen

Aufgabe der Fachstellen zur Adoptionsvermittlung ist es, dafür zu sorgen, dass die Adoption dem Wohl des Kindes dient. Die Vermittlung eines Kindes zur Auslandsadoption kommt dann in Betracht, wenn das Kind in seinem Heimatland keine geeignete Betreuung findet. Aufgabe des Internationalen Sozialdienstes ist es, den Schutz des Kindes und die Beratung aller Beteiligten bei internationalen Verfahren sicherzustellen.

Service

Bei grenzüberschreitenden Adoptionen berät der ISD Adoptionsbewerber, Jugendämter, Vormundschaftsgerichte und freie Verbände.

In der Zusammenarbeit mit anerkannten Vermittlungsstellen im In- und Ausland stellt der ISD die Beratung der Beteiligten sicher und achtet auf die Einhaltung sozialpädagogischer Vermittlungsstandards.

Der ISD informiert über die rechtlichen Voraussetzungen und das zwischenstaatliche Verfahren und koordiniert die Zusammenarbeit mit den ausländischen Fachstellen.

Merkblätter zu einzelnen Ländern können angefordert werden.

Suche nach der Herkunftsfamilie

Seit Jahren nimmt die Suche von Jugendlichen und Erwachsenen nach ihrer Ursprungsfamilie zu. Es handelt sich dabei um Adoptierte oder frühere Pflegekinder, um nichteheliche Kinder, die ihren Vater suchen, oder Kinder aus geschiedenen Ehen, die zu einem Elternteil oder Geschwistern den Kontakt verloren haben. Auch durch Kriegsereignisse getrennte Familienangehörige wenden sich an den ISD.

Dem Schritt, sich an eine Fachstelle zu wenden, gehen oft Selbstzweifel und Jahre quälender Ungewissheit voraus. Das Recht eines Menschen auf Kenntnis seiner Abstammung wird zunehmend anerkannt.

Service

Der ISD bemüht sich, die gesuchte Person zu finden. Voraussetzung ist ein Minimum an Informationen und Personaldaten über den Gesuchten. Die Suchmöglichkeiten und Erfolgsaussichten sind je nach Land und den gesetzlichen Bestimmungen unterschiedlich.

Der ISD berät Betroffene oder verweist sie an Beratungsstellen, um sie bei der Aufarbeitung ihres Schicksals zu unterstützen."

Für die Suche in einzelnen Ländern hat der ISD Hinweisblätter erarbeitet, die dem Suchenden Tipps geben und ihn anleiten, selber (vorbereitend) aktiv zu werden. Zum Teil enthalten diese Blätter auch hilfreiche Adressen – aufgegliedert nach unterschiedlichen Aufgabenbereichen

Der ISD erhebt eine einmalige Kostenpauschale von derzeit 300,- DM von einem jeden Suchenden. Manche nehmen Abstand von ihrem Anliegen, wenn sie davon hören. Es liegt nicht nur im Trend der Zeit, sich möglichst kostenlos bedienen zu lassen, sondern es ist ein Hinweis darauf, dass die Suche, der Gesuchte *so* wichtig nun auch wieder nicht ist. Suche ist kein Zeitvertreib und kein modernes Gesellschaftsspiel – wie manche Fernsehshows vermuten lassen. Sie ist für viele eine existentielle (oft tragische) Notwendigkeit (um die Not zu wenden!) und sollte nicht just for fun betrieben werden.

Telefon und Internet

In den letzten Jahren hat sich eine neue Möglichkeit aufgetan: die Suche über die Telefonauskunft, die auch ortsunabhängig funktioniert. Falls der Gesuchte in Deutschland (Telekom), in Frankreich (minitel), (in anderen Staaten gibt es Ähnliches) einen Telefonanschluss hat und sein Name nicht gerade hundertfach vorkommt, sind Adressen abzufragen. In größerer Ruhe, aber mehr Eigeninitiative, können Telefonbücher selber gewälzt werden. Sie liegen aus in manchen Postämtern, in Bibliotheken usw. Die entsprechenden Namen kann man sich herausschreiben, später anschreiben oder durchtelefonieren.

Wer sich mit der Internet-Nutzung auskennt, sollte auch diese Möglichkeit in Betracht ziehen. Es sind Ideen, Geduld und Phantasie gefragt – aber oft lohnt der Aufwand, wenn gleich kein System eine Garantie verspricht. Vor allem Menschen, die sich *nicht finden lassen wollen,* bleiben unauffindbar.

USA

Leonie Boehmer arbeitet in den USA mit einer Gruppe von Independent Search Consultants. Und ist auf Grund ihrer deutschen Sprachkenntnisse und ihrer deutschen Abkunft die Kontaktfrau für Deutschland.

Anfang der 90er Jahre bearbeitete sie (alleine und ehrenamtlich!) jährlich rund 100 Sucheanfragen, die Deutschland – USA betrafen. Inzwischen sind es jährlich noch ca. 60. Die jüngste Suchende ist 1973 in Deutschland geboren worden. Die Altersspanne liegt zwischen Ende 20 und Anfang 50. Leonie Boehmer gibt an, dass alle von ihrer Adoption lange Kenntnis hatten, dass viele aber den Tod der Adoptiveltern abwarteten, um sich dann auf die Suche nach ihren Herkunftsfamilien in Deutschland zu machen.

Je länger Adoptierte (auf den Tod der Eltern) warten, um so geringer sind die Chancen, in Deutschland noch jemanden zu finden. Allerdings sind Adoptiveltern im Durchschnitt 15 Jahre älter als die leiblichen Eltern, die leibliche Mutter, so dass durchaus noch eine grundsätzliche Chance besteht. Adoptionsakten müssen in Deutschland prinzipiell mindestens 30 Jahre lang aufgehoben werden und sind auch oft danach noch aufzufinden, weil Jugendämter und Gerichte nicht die Zeit haben, jedes Jahr auf den Böden oder in den Kellern die Akten zu sichten, um entsprechend abgelaufene aussortieren zu können. Für die Suche gilt: Je mehr Daten vorhanden sind und gewusst werden, um so einfacher gestaltet sich das Suche-Verfahren. Der vollständige Name (Geburtsname, Ehename und Vorname) sowie das vollständige Geburtsdatum des Gesuchten sind *allerdings unerlässlich.* Sie sind das absolute Minimum, das vorhanden sein muss, um eine Suche überhaupt einleiten zu können. Alle anderen Vorstellungen davon, wie man

Menschen in anderen Erdteilen finden könnte, sind Illusionen. Für den „Betreuer" ist es eine heikle Aufgabe, den Suchenden auf die Realitäten hinzuweisen. Ein Extrem aus meiner Praxis war die Anfrage eines Mannes: sein Vater sei „so um 1967/68 herum im Großraum Frankfurt als amerikanischer Soldat stationiert gewesen. Sein Vorname war Bill." Mehr war nicht bekannt – die Mutter wollte oder konnte keine weiteren Auskünfte geben.

Was für jeden nicht betroffenen Außenstehenden völlig selbstverständlich ist, ist für den emotional hoch Beteiligten nicht einsehbar. Es ist eine Tragik.

Die Klärungsquote Bundesrepublik Deutschland/USA liegt laut Leonie Boehmer bei rund 80 Prozent. Die Zeit, die sie für eine Suche verwendet, liegt zwischen drei Wochen und sieben Jahren. „Erfolg" ist es auch, wenn der Gesuchte sich als verstorben erweist, jedoch Papiere über Todeszeitpunkt, Todesart, Beerdigungsplatz . . . ermittelt werden können – und in diesem Zusammenhang oft auch noch andere Verwandte (Geschwister, Halbgeschwister, Onkel und Tanten . . .), die ursprünglich nicht gesucht worden waren, auftauchen.

Südostasien

Adoptierte, die ihre Eltern suchen, suchen gleichzeitig nach ihrer räumlichen Herkunft. Bei deutsch-deutschen Adoptionen stehen diese nicht im Vordergrund. Wenn sie überhaupt von Interesse ist, ergibt sie sich meistens wie von alleine: „Wie sieht es in meiner Geburtsstadt aus?" „Wo habe ich damals gelebt?" Für Adoptierte, die aus einem anderen Land oder sogar Kulturkreis stammen, hat das Herkunftsland einen ganz anderen Stellenwert. Ist die nationale Herkunft für den Betroffenen nicht zu leugnen, für alle sichtbar, also ein wesentliches Merkmal der eigenen Identität, bekommt das Land der Geburt eine existentielle Bedeutung.

Terre des hommes trägt diesem Bedürfnis Rechnung: nicht nur, um den Adoptierten ihr Land zu zeigen, sondern auch, weil das Land, die Ortschaft, die Kultur, die Sprache, die Landschaften, ihre Menschen ... fast ausnahmslos das Einzige sind, was den Adoptierten an „Herkunft" geboten werden kann.

Der Vietnam-Krieg und die Auseinandersetzungen in Korea hinterließen wie alle Kriege tausende von verloren gegangenen Kindern und Waisen. Die vom Krieg gebeutelten Länder waren auf jedwede Hilfe angewiesen – auch und insbesondere bei der Versorgung der Kinder.

Die australische Ordensfrau Rosemarie Taylor, die deutsche Krankenschwester Ilse Ewald und andere Helferinnen sammelten Kindern in den umkämpften Gebieten Vietnams und brachten sie nach Saigon in überwiegend katholische Waisenhäuser. Dort wurden sie aufgepäppelt, um in den Westen zur Adoption vermittelt zu werden. „Nur die Kinder, die am wenigsten Zuwendung brauchten und wuchsen wie Unkraut, kamen lebend aus den Waisenhäusern" – Sozialdarwinismus in Kriegszeiten –, aber wenn alles im Chaos von Kriegshandlungen der unmenschlichsten Art versinkt, geht es nur noch darum zu retten, was zu retten ist. Besonders feinsinnige und politisch korrekte Maßnahmen haben dann keinen Raum mehr. Ebenso wenig Platz blieb damals oft für Überlegungen, ob all diese Kinder wirklich Waisen waren, wirklich „gerettet" werden mussten, wirklich zur Adoption anstanden. Denkbar ist, dass das eine oder andere Kind mit „eingesammelt" wurde, das irgendwo noch Eltern hatte oder dass Eltern ihr Kind „mitgaben", weil sie sich für sein Aufwachsen im reichen Westen bessere Lebenschancen ausrechneten (vergleichbar derzeit mit einigen unbegleiteten minderjährigen Flüchtlingen, die gezielt „auf die Flucht" geschickt werden, weil ihre Eltern ihnen eine gesichertere Zukunft wünschen ... dabei allerdings oft nur den materiellen Aspekt für ihre Kinder im Auge haben).

Dieser Aspekt aber ist es, der manche Adoptierten aus den Kriegs- und Krisengebieten glauben, hoffen und auch fürchten lässt, dass sie doch noch ihre Mütter, ihre Eltern treffen könnten.

„Der Vietnam-Krieg hatte die ‚Operation Babylift' geboren, weil die Waisenhäuser voll waren mit verlassenen, hungernden und kranken Kindern und weil junge Ehepaare in den USA und Europa mehr tun wollten gegen den Krieg, als Sternenbanner zu verbrennen und Ho Ho Tchi Min zu rufen. (...) Kurz vor Weihnachten 1968 trafen die ersten beiden Kriegswaisen in Westberlin ein, und es folgten hunderte und etablierten etwas, was es bis dahin in Deutschland nicht gegeben hatte – die massenhafte Adoption ausländischer Kinder aus Vietnam, später auch aus Korea, aus Afrika und Lateinamerika." (Der Spiegel 2/1996)

Terre des Hommes: Die Herkunftslandreise

Terre des Hommes Deutschland e.V. – eine Bürgerbewegung, die sich weltweit um Hilfe für Kinder in Not einsetzt, wurde 1967 gegründet, um verletzten Kindern im Kriegsvietnam zu helfen. Die Grundidee war, dass weltweiter sozialer Ungerechtigkeit auch *konkret* (und nicht nur auf weit verzweigten, zeitaufwendigen politischen Wegen) begegnet werden kann.

Die Adoptionsvermittlung ergab sich als eine von vielen Aufgaben fast automatisch aus der unausweichlichen Not der Kriegswaisen eines zerstörten Landes und weitete sich innerhalb der nächsten zwei Jahrzehnte auf andere Länder aus. So wurden innerhalb von 20 Jahren vermittelt:

1993	Kinder aus Korea,
259	Kinder aus Vietnam,
258	Kinder aus Kolumbien,
149	Kinder aus Indien,
124	Kinder aus den Philippinen,

also insgesamt knapp 3000 Kinder. 1987 stellte Terre des hommes die Vermittlung von Auslandsadoptionen ein, als die Vermittlungspraktiken in den Herkunftsländern undurchschaubar wurden. Heute bietet Terre des hommes den inzwischen Jugendlichen und Erwachsenen und ihren Familien Betreuung und Hilfe: angefangen von regelmäßigen Treffen der Adoptierten über gemeinsame Reisen in die Herkunftsländer bis zu Rat und Hilfe bei persönlichen Krisen und dem Leben als farbige Deutsche. Im Jahre 1990 hatten die Mitarbeiter von Terre des hommes die Idee, den vietnamesischen und koreanischen Adoptierten, die inzwischen im Erwachsenenalter waren, ihr Herkunftsland und ihre Kultur durch Reisen nach Südostasien näher zu bringen. Es sollte nicht nur eine übliche touristische Reise sein – diese hätten die Adoptierten gegebenenfalls auch alleine organisieren können – sondern eine begleitete Reise in die Vergangenheit, von der jeder, der mit Adoption zu tun hat, weiß, dass sie schmerzvoll, schockierend, desillusionierend sein kann und dass es gut ist, wenn jemand dabei ist, mit dem man Gespräche führen kann und der einen auffängt im Falle einer weiteren Enttäuschung, seelischer Wirrnis oder auch großer Freude.

1990 startete die erste Reise. Sie war sorgsam vorbereitet. Es hatten Treffen der potentiellen Teilnehmer und Teilnehmerinnen stattgefunden und es waren rund 20 junge Männer und Frauen, die die Reise antraten.

Barbara Ade hat 10 Jahre später sieben junge Menschen interviewt, die mehr als 20 Jahre zuvor aus Südostasien zum Zwecke der Adoption nach Deutschland geholt worden waren.

„Für viele Adoptierte war die Anfrage von ‚tdh' ein Auslöser, ihr Herkunftsland zu besuchen. Die Ängste, die mit dieser Reise verbunden waren, wurden einigen dadurch genommen, dass andere Adoptierte dabei sein würden und die Reisenden von Fachkräften betreut werden sollten. Die Entscheidung für eine solche Reise reifte oft mehrere Jahre . . . Die Auswirkungen der Reise konnte von den Adoptierten kaum in Worte gefasst werden. Alle waren sich darüber einig, dass die Reise sehr wichtig für sie war und *ihnen bei der Annahme ihrer Herkunft geholfen hat*". Sie wussten, dass sie keine Chancen hatten, Angehörige zu finden (gleichwohl es in zwei Fällen überraschend gelungen ist) –, aber sie erlebten, dass ihre Fremdartigkeit aufgrund ihres anderen Aussehens in ihrem Heimatland die Normalität ist, mit der sie sich erstmals aus dieser Warte auseinander setzen mussten.

„Die Deutschen", schreibt Cordt Schnibben in einem Bericht über eine tdh-Reise nach Vietnam, die er begleitet hat, „haben diese Fremde in ein paar Tagen lieben gelernt, besonders diejenigen, die hier herkamen mit dem Gefühl, ein Mensch dritter Klasse kehrte heim in ein Land dritter Klasse und die nun sagen, sie seien stolz darauf, in Vietnam geboren zu sein. Aber auch sie, die nur gekommen sind, um das Land zu sehen, reisen längst gierig ihrem Leben hinterher. Kim . . . wird weitersuchen. Seit einigen Jahren läuft seine Mutter neben ihm her, ohne mit ihm zu sprechen. Er will von ihr wissen, wie er zur Welt gekommen ist und warum sie ihn im Krankenhaus zurückgelassen hat; er will ihr zeigen, was aus ihm geworden ist; er will sie mit nach Deutschland nehmen, ihr einmal alles zeigen . . ." (Der Spiegel 2/1996)

Terre des hommes hat einen Weg gefunden, die einmal eingeschlagene Richtung konsequent zu Ende zu denken und zu gehen: Die Reise ins eigene Land als Reise ins eigene Ich – für den Adoptierten. Und: lebenslange Verantwortung für die Vermittlung durch die Organisation.

Wenn Suche misslingt ...

Wann eine Suche und ein Finden als gelungen oder als misslungen gilt, kann nur der Betroffene selber sagen. Für den einen ist es das *Wissen* um die Abstammung, für den anderen der persönliche Kontakt, das Sich-in-die-Augen-sehen-Können, das Gespräch ... für den Dritten ist es erst die Harmonie mit dem Gesuchten, die ein Leben lang herbeigesehnt worden war.

Die Beurteilung Außenstehender ist meistens unzutreffend. Die „Warnung" vor dem, was man finden *könnte*, berührt nicht das eigentliche Thema. Objektive Daten spielen eine untergeordnete Rolle gegenüber den subjektiven Erwartungen, Bedürfnissen und Einschätzungen der unmittelbar Beteiligten.

Im Prinzip kann die Suche auf zwei Arten misslingen:

- auf quantitative und
- auf qualitative.

Unter quantitativem Misserfolg möchte ich verstehen, dass die Suche erfolglos bleibt, dass Eltern und Kinder sich nicht begegnen und die Spurensuche im Sand verläuft.

Die Tragik dieser Misserfolge liegt darin, dass sich die Suche innerlich damit *nie* abschließen lässt. Sie wird auch selten total eingestellt. Es bleibt immer ein Rest Hoffnung, ein Zipfelchen Zuversicht. Jeder auch noch so minimale

Hinweis wird dankbar und begierig aufgegriffen – es könnte ja gerade diesmal der Weg sein, der zum Ziel führt! In manchen Fällen erinnert dieses Verhalten an den Lotto- oder Roulettespieler, der nicht aufhören kann, weil er Angst hat, dass just beim nächsten Mal seine Zahlen, seine Farben kommen . . .

Der quantitative Misserfolg ist und bleibt immer ein temporärer. Ich bin nie einem von Adoption betroffenem Menschen begegnet, der – je mit der Suche begonnen – gesagt hat: Ich habe nun *endgültig* aufgesteckt, ich werde *nicht* weitersuchen, ich bin mit meinem Schicksal versöhnt.

Ungleich problematischer ist der *qualitative Misserfolg*, der sich in unglaublich vielen Facetten spiegelt und wiederum so unterschiedliche Erscheinungsweisen zeigt, wie es Menschen gibt, die Misserfolge haben. Die häufigsten Probleme sollen im Folgenden aufgelistet und mit einzelnen „Fällen" illustriert werden:

- Der/die Gesuchte ist kurz vor dem Auffinden verstorben.
- Der Gesuchte leugnet trotz aller Belege die Vaterschaft (Mutterschaft ist nicht zu leugnen!) und zieht im Rahmen der Auseinandersetzungen darüber auch noch die Mutter „in den Schmutz".
- Der/die Gesuchte lässt jede Kontaktaufnahme unbeantwortet.
- Der/die Gesuchte lässt sich auf einen einmaligen Kontakt ein und meldet sich dann nicht wieder.
- Variante: Der/die Suchende stillt in einem einmaligen Gespräch seine/ihre Neugier und lässt dann nie wieder von sich hören.
- Trotz vieler Treffen und gegenseitiger Bemühungen springt der ersehnte „Funken" nicht über. Die vermute-

te „Sprache des Blutes“ schweigt. Die Partner bleiben sich trotz gegenseitiger Sehnsucht nacheinander fremd.

- Die Interessen der Suchenden und Gesuchten gehen von vornherein weit auseinander und lassen sich auch per Kompromiss nicht miteinander in Einklang bringen.
- Die Erwartung der Suchenden und Gesuchten gehen von völlig falschen (meist unbewussten) Voraussetzungen aus. Sie basieren in der Regel auf der sentimentalen Mutter-Kind-Sicht, die in unserer Gesellschaft herrscht.
- Es kommt der gewünschte Kontakt in seiner ganzen Emotionalität zustande, wird jedoch von einem der Partner nach einiger Zeit abgebrochen.
- Es entsteht eine emotionale Beziehung, die jedoch erheblich durch die Geheimnistuerei vor Dritten (sowohl organisatorisch als auch sozial) gestört wird.
- Die Partner, die sich gefunden haben, gehen annähernd ineinander auf. Sie versuchen, 20 oder 30 „verlorene Jahre“ nachzuholen. Sie schaffen es nicht, eine angemessene Beziehung, wie sie zwischen Erwachsenen erfolgen sollte, herzustellen. Die Beziehung bleibt stecken in einer Mutter-Kind-Emotionalität, die der zwischen Kleinkind und Mutter entspricht.

„Lassen Sie uns in Ruhe“

● Marianne Herzog hat über die Suche nach ihrem Sohn und über ihre eigenen Geschichte ein Buch geschrieben, dessen bitteres Ende deutlich macht, wie verworren die menschlichen Beziehungen in einer Adoptionsbiografie sein können.

Ihr Sohn ist 23 Jahre alt, als sie ihn sucht. Sie dringt bis zum Vormundschaftsrichter vor, der ihr einen Kontakt zu der Adoptivmutter ermöglicht: Am Telefon – und ohne

Rückrufmöglichkeit. Marianne Herzog ist während der beiden Gespräche gelähmt durch die Vorstellung, dass sie durch das, was sie jetzt sagt, jetzt fragt, jetzt aber auch vergisst zu sagen und zu fragen den Status quo für alle Zeiten festschreibt. Sie nennt es ihr „Lebenslänglich". Die Adoptivmutter lässt ihr keine Chancen:

„Wir haben uns mit unserem Anwalt beraten und mit dem Direktor des Amtsgerichtes: Beide haben uns versichert, dass es absolut unnormal ist, dass eine Mutter sich nach zwanzig Jahren meldet. Was wollen Sie? Wir haben Serjosha jetzt (!) aufgeklärt, wir haben ihm gesagt, was er wissen muss. Als er zu Besuch da war, haben wir gesagt: Wir müssen dir eben mal was sagen. Ich weiß, hat er gesagt: Ich bin ein angenommenes Kind. Wir sind sehr erstaunt gewesen, dass er es wusste. Ich versichere Ihnen, er weiß jetzt, dass Sie leben: Das wissen jetzt nur wir drei; nicht einmal meine Mutter weiß es ...

Hier weiß es keiner. Aus dem Makel ist ein Glorienschein geworden. Alles hat unwahrscheinlich viel Zeit und Mühe gekostet. Ich verlange dafür kein Mitleid, ich bitte Sie nur inständig: Lassen Sie uns in Ruhe. Wir drei sind glücklich und zufrieden, wir haben ein phantastisches Verhältnis miteinander. Wir können nicht absehen, was geschieht, wenn er von Ihnen hört, seine Reaktion ist nicht vorauszusehen. Er wird wahrscheinlich in eine große Krise geraten. Das Wagnis ist zu groß ...

Warum wollen Sie die Vergangenheit wieder aufwärmen? ... Ich kann Ihnen nicht helfen. Es ist vollkommen ungewöhnlich, dass Sie vorschlagen, wir sollten uns zusammensetzen. Die Einzige, die von profitieren würde, das wären Sie ...

Wir wollen in Frieden gelassen werden. Wir wollen endlich unsere Ruhe haben ... Wir werden an Sie denken. Werden Sie aufhören, Ihren Sohn zu suchen? Dann bleibt er eben in Amerika, da finden Sie ihn nie.

Wissen Sie, was normal gewesen wäre? Sie wären bei Ihrem Kind geblieben.

Das Gespräch wird zu teuer, es hat auch keinen Zweck, noch weiter zu telefonieren: Haben Sie noch etwas zu sagen?"

In diesem Monolog, den die Adoptivmutter am Telefon hält, ist *alles* enthalten, was Adoption an Problemen, Vorurteilen und Störungen beinhaltet! Aber auch enthalten sind Schwierigkeiten, die der Adoptivsohn möglicherweise schon hat, wahrscheinlich aber irgendwann einmal bekommt: Schwierigkeiten mit seiner Identität, mit der Frage nach seiner Herkunft, seinem Erbgut (spätestens beim ersten Vaterwerden!), Schwierigkeiten auch mit der Grundfrage des Vertrauens, das er in die Eltern setzen kann ... oder aber auch nicht.

Der Sohn ist nicht aufgeklärt – aber er weiß, dass er adoptiert ist. Wie lange schon? Wer hat es ihm wann und unter welchen Umständen gesagt? Was hat er mit sich herumtragen müssen, wie oft hätte er gerne mit den Eltern darüber gesprochen und warum hat er es nicht getan? War er auch davon überzeugt, in einer „fantastischen Beziehung" zu seinen Eltern zu leben – so wie sie? Oder war diese wirklich – im eigentlichen Sinne „fantastisch" – der Fantasie entspringend? Wessen?

En passant klären die Eltern den 23-Jährigen auf. „Du bist angenommen." Er weiß es – und er fragt auch nicht weiter, sondern er verlässt die Wohnung. „Er hatte irgend etwas vor, er hat ja tausend Interessen", erklärt die Adoptivmutter sein Verhalten.

Was hätte er fragen sollen? Vielleicht ist er weitgehender aufgeklärt, als nur über seinen Status „angenommen"?

Und was erfragt man von Eltern, die einen 22 Jahre lang belogen haben? Deren Lügen einerseits aus Schweigen bestand – andererseits mit Sicherheit aus Falschaussagen, denn Fragen zu seiner Herkunft hat *jedes* Kind: Nach dem Tag der Geburt, der Klinik, der Schwangerschaft . . .

Ein Kind, das nach all diesen Daten nicht fragt, braucht nicht zu fragen. Es fragt nicht, weil es *weiß!* Auch wenn es keine Einzelheiten kennt – es *weiß mit instinktiver* Sicherheit: Ich darf nicht fragen! Ich lebe in einem Geheimnis, das ich nicht lüften darf. Wenn ich es lüfte, geschieht Furchtbares . . . Denn sonst könnten die Eltern ja auch offen mit mir darüber sprechen.

Die Adoptivmutter nennt sie alle – die Ängste und Befürchtungen: Andere Menschen könnten von dem Geheimnis auch noch erfahren, das noch nicht einmal die eigene Mutter der Adoptivmutter kennt. Alles Lügen käme auf den Tisch und würde sich über die Atmosphäre von Wohlanständigkeit und scheinbarer Normalität breiten. Zum alten Makel (des Kindes? Der Eltern?) käme auch noch die gesamte Biographie-Lüge!

Die Adoptivmutter „verlangt kein Mitleid". Wer kein Mitleid „verlangt", hat zumindest insgeheim das Gefühl, ein solches verdient zu haben! Wofür? Für das Opfer, ein fremdes Kind aufgenommen zu haben? Für die Mühen der Erziehung? Für die Probleme, die die Geheimhaltung über alle Konflikte einer „normalen" Be- und Erziehung hinaus mit sich gebracht hat? Vielleicht auch im Zusammenhang mit dem tödlichen Hieb: „Normal wäre gewesen, wenn Sie bei ihrem Kind geblieben wären?" Ich habe mehr als einmal im Zusammenhang mit Adoption und Suche von Adoptivmüttern gehört, dass sie sich geopfert hätten, während die abgebende Mutter ein „lockeres" und vom Kind „freies" Leben habe führen können! Geht es der Adoptivmutter mit dem unaufgeklärten Adoptivsohn, zu dem sie ein so fantastisches Verhältnis zu haben vorgibt, ebenso?

Und warum muss sie dann um seine Reaktion fürchten? Warum vermutet sie die große Krise, in die er geraten wird?

Sie hat recht: Er wird wahrscheinlich in eine Krise geraten! Aber diese Krise betrifft weniger die leibliche Mutter in ihrer Beziehung zum Sohn, als vielmehr die fantasierte „fantastische" Beziehung zwischen Adoptiveltern und Adoptiertem! „Das Wagnis ist zu groß" – das Risiko, dass der Sohn aus dem Munde eines anderen Menschen die volle Wahrheit hört, die ihm ebenso voll vorenthalten worden ist, ist erheblich.

Nur täuscht sich die Adoptivmutter (und alle Adoptiveltern, die ebenso denken und argumentieren!): Das Wagnis, das Risiko ist nicht aufgehoben, sondern nur aufgeschoben!

Aufschneiden und Abschätzen

• „Das Treffen mit meiner Tochter war – ja, es war alles! Es war sehr schön und sehr traurig und sehr aufrührend und auch sehr eigenartig. Das ist mir aber erst Wochen später klar geworden, als ich mehr wusste.

Ein paar Tage nach dem 18. Geburtstag meiner Tochter – ich habe immer dran gedacht und immer frische Blumen gekauft – rief mich ein junges Mädchen an und sagte, sie soll von meiner Tochter anrufen, sie sei eine Mitschülerin. Ich war sehr überrascht. Ich hatte immer gehofft, sie eines Tages wiederzusehen – aber irgendwie . . . ich hatte mir alles anders vorgestellt.

Ich habe natürlich eingewilligt, habe nur gebeten, dass es ein Treffen unter vier Augen sein soll. Das ging dann ganz schnell – ein paar Tage später haben wir uns im Strandcafé getroffen. Ich war sehr zwiespältig: ein schönes Mädchen, sehr gepflegt – aber unglaublich arrogant. Ich habe die ganze Zeit versucht mir einzureden, dass das Unsicherheit ist bei ihr – aber das war es nicht nur. Letztlich hat sie mich abgefragt: Wie war dieses, wie war jenes, wo ist mein Vater? Mich hat sie kaum fragen lassen – natürlich, sie hat von der Schule erzählt – Renommiergymnasium – und ein paar Sätze zu den Eltern, beide Ärzte. Ich hatte ja keine Informationen, wohin sie gekommen war, aber so was hatte ich mir schon gedacht. Irgendwie lag bei ihr so die Frage in der Luft: Na, was sagst du dazu? Hast du was Ähnliches zu bieten?

Ich will ihr nicht Unrecht tun, aber es war ein Aufschneiden und ein Abschätzen. Wenn ich ehrlich sein soll – sie hat mir nicht gefallen. Ich habe gedacht – das ist nicht meine Tochter, das habe ich nicht gewollt. Davon laufen schon genug rum. Seht her, wer ich bin! Das ist ein Menschenschlag, mit dem ich immer Probleme hatte. Ich komme aus bescheidenen Verhältnissen – der Krieg hat bei meinen Eltern nichts übrig gelassen. Ich habe mich hochgearbeitet und bin stolz auf das, was ich geschafft habe. Aber man darf doch nie vergessen, dass andere Menschen schlechter dran sind und eben anders leben. Aber das ist eben so diese Sicht. Mich stört nur unsäglich, dass meine Tochter nun auch so eine geworden ist.

Wir haben etwa anderthalb Stunden miteinander gesprochen oder besser, sie hat mich ausgefragt und dann hat sie auf meine Frage nach einem Wiedersehen über die Schulter so ein kaltes „Vielleicht" geworfen – und weg war sie.

Das ist mehrere Monate her. Bis heute habe ich nie mehr was von ihr gehört und auch nicht von der Freundin. Ich habe immer noch sehr gemischte Gefühle. Einerseits hoffe ich, dass sie den Kontakt wieder aufnimmt. Ich kann es ja nicht, ich weiß ja noch nicht einmal, wie sie heißt und wo sie wohnt. Andererseits denke ich: Nein, es muss nicht sein. Sie hat ihre Neugier gestillt an mir. Sie hat sich geholt, was sie haben wollte, und mehr ist bei ihr nicht. So der Typ: Ich nehme mir, was ich will – ohne Rücksicht auf andere. Nein, so will ich keine Kontakte mehr.

Ich hoffe auf später. Wenn sie zehn Jahre älter ist und reifer und vielleicht auch schon ein paar Enttäuschungen in ihrem Leben erlebt hat, dann erinnert sie sich vielleicht wieder. Vielleicht können wir dann was miteinander anfangen. Aber so?" (Frau 42 Jahre alt).

„Man müsste diesen Hund einfach abknallen!"

• Mit knapp 16 Jahren erfährt Ute H., dass sie ein Adoptivkind ist – sie hat in dem Schrank ihres Vaters gewühlt und die Akten gefunden! Während die Eltern verreist sind, begibt sie sich auf die erste Suche, die ins Nichts führt.

„21 Jahre später begann ich wieder mit meiner Ahnenforschung. Diese Suche dauerte zwei Jahre. In diesen zwei Jahren bin ich 5920 km gefahren!"

Als sie 16 war, „begann ich meinen richtigen Vater zu hassen. Er hatte ein Kind in die Welt gesetzt und sich nicht darum gekümmert . . . Oft ging mir der Gedanke durch den Kopf, was ich wohl machen würde, wenn sich mein richtiger Vater mal gemeldet hätte. Wenn er eines Tages vor meiner Tür stehen würde und sagen würde: „Ich bin Hermann B." Diese oder ähnliche Gedankengänge, die meine richtige Mutter allerdings ausklammerten, hatte ich in den vielen langen Jahren so oft, dass ich manchmal dachte, ich müsste daran ersticken. Wenn er sich gemeldet hätte? Ich hätte ihm ins Gesicht geschlagen. Zwanzig Jahre trug ich diesen Gedanken mit mir rum und mein Hass und mein Zorn sind nicht geringer geworden. Nach zwanzig Jahren machte ich mich wieder auf den Weg . . ."

Ute beginnt eine Suche „von Tür zu Tür". Vom Postamt des kleinen Ortes über den Bürgermeister, den Gemeindepastor . . . Dieser findet die Familie im alten Kirchenbuch – einen Cousin der Mutter. Dort erfährt sie, dass die Mutter Selbstmord begangen hat.

Mit Hilfe eines kleinen Tricks hilft ihr der Bürgermeister dann weiter, der unter einem Vorwand einfach alle B.s der umliegenden Gemeinden anruft, bis er „den Richtigen" hat.

Dem erzählt er, dass sein Enkel schriftlich nach ihm suche – während die Tochter mitsamt Enkel daneben sitzt und dem Dialog zuhört! Immerhin bestätigt B. am Telefon die Personalangaben, und der Bürgermeister erklärt sich zu einem Gespräch bereit, als er spürt, dass der gesuchte Vater wohl ziemlich geschockt ist.

Ute H. schreibt:

„Ob der B. wohl je damit gerechnet hatte, von mir zu hören? Eigentlich müsste er damit rechnen. Was seine Frau wohl sagen wird? . . . Es ist aber durchaus möglich, dass er sie belogen hat.

Er wird mich verleugnet haben. Große Vatergefühle hatte er ja nicht, sonst hätte er mich nicht zur Adoption freigegeben."

Utes Fantasien sind mit dem Vater beschäftigt, von dem sie noch kaum etwas weiß. Sie hat nur das Gefühl – seit 20 Jahren – dass sie ihn hasst: „Er ist schlimmer als ein Tier. Hoffentlich hat dieser Anruf eine kleine Panik in ihm ausgelöst! Weiß er doch jetzt, dass es nicht bei diesem Anruf bleibt!

Ob dieser Kerl wohl je daran gedacht hat, was er mir angetan hat? Dass ich mich 20 Jahre damit rumschleppe, wer er ist? . . .

Jetzt kann er sich nicht mehr verstecken! Ob sich meine richtige Mutter seinetwegen das Leben genommen hat? In welcher Not mag sie gewesen sein? . . .

Einen Denkzettel werde ich ihm verpassen! Das steht fest! Mir wird schon etwas einfallen!"

Nach einiger Zeit ruft Ute den Bürgermeister wieder an. Sie erfährt, dass der Vater die vereinbarten Termine nicht eingehalten hat.

„Ich ließ mir die Telefonnummer von meinem richtigen Vater geben, um selbst mit meinem biologischen Zufallsvater zu reden . . . Einige Sätze und kurze Notizen schrieb ich auf einen Zettel, damit kein Leerlauf entstand. Dieses Gespräch musste hundertprozentig klappen. Ich wollte mit diesem Gespräch erreichen, dass ich ihn mal persönlich sprechen konnte. Und nicht, dass er einfach den Hörer auf die Gabel knallt. Ganz sachlich musste ich bleiben. Das war aber meine größte Hürde. Die Sachlichkeit. Es ist schon schwierig, mit jemandem zu telefonieren, den man nicht kennt und auf den man eine Riesenwut hat."

Ute bekommt ihren Vater ans Telefon. Sie sagt Name und Herkunftsstadt und dann:

„Ich habe eine Geburtsurkunde, aus der hervorgeht, dass Sie mein Vater sind!"

Pause . . . Schweres Atmen . . .

„Sie sind doch Herr B.?"

„Das stimmt nicht!"

„Da haben Sie recht, mein Vater sind Sie natürlich nicht! Sie haben mich zufällig gezeugt. Wenn diese Formulierung Ihnen besser gefällt?"

„Das stimmt nicht!"

„Und wieso sind Sie als Vater dann in meiner Geburtsurkunde eingetragen?"

„Das weiß ich nicht."

„Aber Herr B. Ich bitte Sie, das glauben Sie doch wohl nicht wirklich. Mit der Eintragung haben Sie doch die Vaterschaft anerkannt."

Pause.

„Herr B., im Grunde ist es mir auch egal, ob Sie der Vater sind oder nicht. Aber ich hätte Sie doch gerne persönlich gesprochen, da Sie ja mit meiner richtigen Mutter verheiratet waren. Ich hätte schon gern etwas über sie erfahren. Ich denke, diese Gefälligkeit können Sie mir erweisen."

„Das gibt nur Ärger."

„Wieso soll das Ärger geben?"

„So etwas gibt immer Ärger."

Ute vereinbart dennoch ein Treffen mit ihm und holt in der Zeit vor dem Termin im weiteren Bekannten- und Verwandtenkreis in den umliegenden Dörfern Auskünfte über den Vater ein. Das, was sie erfährt, lässt ihre Wut wachsen: Er war ein Muttersöhnchen, richtete sich nur nach seiner Mama, die die Schwiegertochter traktierte. Er ließ sie schwer arbeiten beim Großbauern, der ihr nachstellte. Er schlug sie – selbst als sie im sechsten Schwangerschaftsmonat war. Und schnell war die Ehe wieder beendet.

Unterwegs zum Vater „war ich dann so wütend und aufgebracht, dass ich richtig zittrig wurde . . . Man müsste diesen Hund einfach abknallen. Egal, was danach passieren würde. Meine Eltern hatten mich immer gelehrt, Achtung vor jedem Menschen zu haben. Ich war im Begriff, es zu vergessen."

Ute geht es sehr schlecht auf dem Wege zum Vater. Sie nimmt vorsichtshalber eine Beruhigungstablette, damit sie die Begegnung durchsteht. Sie hatte den Eindruck, durch eine Nebelwand zu fahren. Vor dem Hause angekommen, bleibt sie erst noch fünf Minuten im Wagen sitzen. Der Vater macht ihr die Tür auf: „Ein Mensch zum Übersehen.

Ohne Ausstrahlung! Er war nichts! . . . Er konnte mir noch nicht einmal ins Gesicht sehen . . .. Ich starrte ihn unverwandt an. Mit einer mir fast unbekannten Herzlosigkeit sah ich auf seinen entstellten Mund. Ohne Gefühlsregung nahm ich Notiz von dieser Verstümmelung . . . Vielleicht war das die gerechte Strafe Gottes? . . . Er war gezeichnet wie ein Stück Vieh. Es tat mir gut. Es befreite mich. Ich war von meiner gedanklichen Kaltschnäuzigkeit total überrumpelt. Aber er hatte es nicht anders verdient . . ."

Der Vater leugnet die Vaterschaft. Anhand der Urkunden kommt es zu Rechenstücklein. Der Vater besitzt im Gegensatz zu Ute keine Originaldokumente mehr – die Daten „haben wir in etwa angegeben."

„Ich lass mir nichts anhängen", ist sein Standardsatz, und seine Ehefrau steht ihm bei. Ute will nur einmal von ihm hören, dass er der Vater ist. „Ich wollte, dass er es wenigstens zugibt. Dass er meine Mutter nicht als Hure abstempelt. Herr B. ließ sich nicht beirren. Er wurde „keifig" – und erst als seine Frau in die Küche geht, um den Tee aufzugießen, gibt er Ute die Hand und sagt: „Es stimmt, was in den Papieren steht. *Ich bin es.*"

„So war das also. Seiner Frau hatte er nie etwas gesagt! Ich konnte ihn nur noch bedauern."

Dann fragt sie den Vater nach Fotos. Er hat bereits am Tag zuvor welche herausgesucht und gibt sie ihr. Er ist in Soldatenuniform, neben ihm seine Frau und seine Mutter.

„In seiner Uniform sah er ausgesprochen gut aus. Jetzt sah ich, wie er tatsächlich mal aussah. Er hatte einen gleichmäßig ausgeprägten Mund. Und ob es mir passte oder nicht, dieses Bild entsprach nicht dem Wesen dieses Mannes, der vor mir saß. Der meine Mutter quälte. Der meine Mutter betrog. Der mich bis zur letzten Stunde verleugnet hatte. Entsetzt stellte ich fest, dass ich Sympathie für diesen Mann in Uniform verspürte. Seine Augen waren groß, blickten gütig ... Ich hatte vergessen, ihn als Mensch zu sehen. Ich begann meine richtige Mutter zu verstehen, dass sie ihn geheiratet hatte. Mir hätte er auch gefallen ...

Ich schaute wieder zu B. Das Bild entsprach nicht mehr der Wirklichkeit ... Für kurze Zeit hatte ich meinen Hass vergessen. Aber das wird mir nie wieder passieren. Die Ängste meiner Adoptiveltern verstand ich immer weniger."

Während Ute H. gemeinsam mit ihrem Vater und dessen Frau Tee trinkt und Torte isst, „begann der B. wieder sein Spiel zu treiben. Er ist nicht der Vater. Übrigens wurde ein serologisches Gutachten gemacht. Dabei war er tief errötet und hatte hektische Flecken im Gesicht. Das Theater konnte er seiner Frau vormachen. Mich widerte es nur noch an ..."

Die Mutter als Tante

Frau Hannelore U. schreibt mir über ihre Adoptions- und Suchgeschichte. Sie schreibt mir auch, um mir zu sagen, dass Mütter durchaus nicht immer ihre Kinder kennen lernen wollen! Dabei wird deutlich, dass die Mutter-Kind-Beziehung in diesem Fall einer ganz besonderen Belastung ausgesetzt war – in einem fatalen Geflecht von pädagogischen Entscheidungen, die offenbar falsch oder gar nicht beraten worden waren.

Hannelore war gleich nach der Geburt im Krankenhaus verblieben, in dem sich die leibliche Mutter und die Mutter der späteren Adoptivmutter kennen gelernt hatten. Letztere informierte ihre Tochter, die nach zwei Fehlgeburten alle Hoffnung auf ein Kind aufgegeben hatte. So kam die Adoption zustande.

Hannelore U. schreibt:

• „Als ich mit sechs Jahren in die Schule kam und lesen lernte, kam mir der erste Verdacht. Meine leibliche Mutter spielte in meinem Leben die Rolle der Patentante. Tante Ilse kam zwei bis dreimal im Jahr, schickte Päckchen und Briefe. Von mir wurden die entsprechenden Dankesbriefe erwartet.

Auch ging meine Adoptivmutter mit mir des öfteren zu den Eltern von Tante Ilse, eigentlich also meinen leiblichen Großeltern. Diese Besuche waren mir verhasst, ich denke noch heute mit Abscheu daran.

Schließlich mit ca. 13 Jahren wurde mein Verdacht zur Gewissheit. In Abwesenheit meiner Adoptiveltern öffnete ich eine Kassette und fand in einem verschlossenen Umschlag meine Adoptionsunterlagen. Tante Ilse war tatsächlich meine Mutter. Ich verschloss alles wieder und sagte keinem Menschen etwas von meinem Wissen. Nur einmal, als ich wütend auf meine Adoptivmutter war, sagte ich zornig: Du bist ja gar nicht meine Mutter! Aber statt Trost und Zuwendung bekam ich Ärger darüber zu spüren, weil ich so neugierig gewesen war. Wie konnte ich nur . . ."

Von diesem Zeitpunkt an hatte ich keinen Kontakt mehr zu meiner leiblichen Mutter. Meine Adoptivmutter starb, als ich 25 Jahre alt war. Mit 29 Jahren heiratete ich und bekam mit 30 Jahren mein erstes Kind. Eine Tochter. Nach eineinhalb Jahren erneute Schwangerschaft, wieder eine Tochter. Mein Mann und ich waren sehr glücklich darüber.

Die Sehnsucht nach meiner leiblichen Mutter wurde immer größer. Ich beschloss, ihr zu schreiben und von meinem Wissen über meine Abstammung zu berichten. Sie schrieb zurück, fing an Päckchen zu schicken, diesmal für ihre Enkelkinder, wich aber dem Wunsch nach einem persönlichen Treffen aus. Der Briefwechsel ging lange hin und her mit großen Pausen ihrerseits. Schließlich ließ ich mich nicht länger hinhalten und wollten einen konkreten Zeitpunkt, wann wir uns sehen könnten. Ich habe und hatte so viele Fragen, die nur sie mir hätten beantworten können.

Sie lehnte ab! Sie fühle sich nicht in der Lage, ein Gespräch mit mir zu führen. Das war's!

Vor zwei Jahren war ich in dem Ort, in dem sie wohnt. Ich stand vor ihrer Tür, aber ich habe nicht geklingelt. Die Angst vor nochmaliger Ablehnung war zu groß.

Sie sehen, es gibt auch Fälle, wo die leibliche Mutter ihr Kind nicht wiedersehen will."

Hannelores Mutter ist mehrfach schwer verletzt worden:

- Sie wurde von ihren Eltern gezwungen, sich vom Kindesvater zu trennen. Sie durfte ihn nie wiedersehen.
- Sie musste ihr Kind im Alter von 10 Monaten zur Adoption freigeben. Jede Begegnung wird schmerzhaft für sie gewesen sein.
- Und als ihre Identität bekannt wurde, musste sie sich endgültig trennen – vermutlich auf Verlangen der Adoptiveltern.

Dass die Besuche zwei- bis dreimal im Jahr auch für sie eine emotionale Belastung dargestellt haben könnten, die Lügen über ihre Tantenrolle schwer zu verkraften waren – wer hat je daran gedacht? Dann taucht die Tochter wieder auf: nach fast 20 Jahren! Die Mutter geht auf den Kontaktwunsch ein, sie schreibt, sie schickt Päckchen, sie wird zur sorgenden Großmutter aus der Ferne.

Nur eines kann sie nicht: die Tochter sehen und sprechen. Es geht vermutlich über ihre Kraft. Sie fühlt sich nicht in der Lage . . . und die Tochter ist verletzt: „Die Angst vor nochmaliger Ablehnung" ist in ihr zu groß.

Diese Angst teilt sie mit sehr vielen Adoptierten und mit vielen abgebenden Müttern. Für Hannelores Mutter erfolgte der Abschied über eine sehr lange Zeit, im Grunde genommen musste sie sich zweimal trennen. Möglicherweise hat sie auch schon zehn Jahre eher auf das Auftauchen der Tochter gewartet – als diese volljährig wurde und hätte suchen können, weil ihr alle Daten zur Verfügung standen und es immerhin über 13 Jahre eine persönliche Beziehung gegeben hatte. Also nochmals eine so lange Zeit der Entbehrung, des „Zurückgewiesenseins".

Sie hat sich dann spontan auf eine entfernte Beziehung (postalisch) eingelassen. Sie war für die Tochter „da". Mehr war ihr nicht möglich. Die Einschaltung eines vermittelnden, geduldigen, beruhigenden Dritten hätte in diesem Falle möglicherweise helfen können, die Versagens- und Verlassensängste *beider* Frauen zu verringern.

Viermal ein Scheitern – jeweils aus einer anderen Warte und jeweils schwer zu verkraften für diejenigen, die sich auf die Suche gemacht hatten oder „gefunden" worden waren.

Diese Beispiele ließen sich fortsetzen. Ein jeder „Fall" hat seine eigene Dramatik, seine eigenen Tragödien. Aber die meisten „Gescheiterten" sagen im Nachhinein: Es ist gut so, es ist besser als gar nichts! Auch die Menschen, die einen Elternteil in sehr schwierigen sozialen Verhältnissen finden und vor der seelischen „Arbeit" stehen, diese Herkunft bewältigen zu müssen, sagen: „Lieber diese Sicherheit als das ständige Stochern im Nebel!"

Was Außenstehende – Adoptiveltern, Sozialarbeiterinnen – zu verhindern suchen, um den bzw. die Suchende vorgeblich vor dem Ergebnis zu schützen, entspricht in den wenigsten Fällen dem Wunsch und dem Wohl des Betreffenden. Hier kann nur gelten: beraten, begleiten, zur Seite stehen . . ., aber den selbst gewählten Weg gehen lassen!

Dass lang ersehnte Menschen sich nicht finden lassen wollen, dass andere im Wege stehen und sich nicht überzeugen lassen wollen, weil sie selber Angst haben, gehört zur Tragik der Jugendhilfemaßnahme Adoption. Ganz ist diese Situation nicht aufzufangen, es gibt allerdings Möglichkeiten, präventiv dieses Thema ins Auge zufassen und Vorsorge zu treffen.

Präventives Arbeiten

Adoption ist und bleibt für alle an ihr Beteiligten eine heikle Lösung sozialer (weniger individueller) Probleme. Der/dem einen wird etwas genommen, was sie/er vielleicht gerne behalten würde, aber nicht darf oder nicht kann. Der/dem Zweiten wird etwas gegeben, was sie/er lieber aus anderer – nämlich biologisch eigener – Quelle hätte, so dass sich in sehr vielen (nicht allen!) Fällen eine problematische Ersatzsituation ergibt. Der/die Dritte, um den/die sich eigentlich alles dreht, wird vorher nicht gefragt (weil noch zu klein) und nachher oft nicht ausreichend informiert!

So entstehen bei allen drei Beteiligten Gefühle des Unbefriedigtseins, des Nichtgenügens: „Ich bin schlecht, weil ich mein Kind nicht selber aufziehen kann." „Ich bin minderwertig, weil ich nicht in der Lage bin, selber ein Kind zu zeugen bzw. auszutragen." „Ich bin nichts wert – hätte man mich sonst einfach fortgegeben?"

Diese Verletzungen, unter denen die meisten Betroffenen oft ihr ganzes Leben lang leiden, können gemildert (nicht aufgehoben) werden, indem alle Beteiligten näher zusammenrücken, in Kontakt treten und bleiben und sich bei Wunsch und Bedarf austauschen. *Das Ganze aber muss zum Schutz aller (!) unter strikter Wahrung des Inkognitos erfolgen.*

Das könnte bedeuten, dass leibliche Mütter/leibliche Eltern und Adoptivbewerber sich ohne Namens- und Adressnennung auf neutralem Boden kennen lernen. Die potentiell abgebende Mutter darf sich dabei diejenigen Eltern aussuchen, die sie sich nach allen Vorweginformationen für ihr Kind wünscht. Sie selber wird – vielfachen Erfahrungen nach – später immer das Gefühl haben, für das Kind *selber* das Beste ausgesucht zu haben, ihm *selber* neue Eltern gegeben zu haben und diese unendlich schwere Entscheidung nicht wildfremden Menschen überlassen zu haben. Sie ist auf diese Art aktiv Beteiligte und nicht wie bisher passiv Duldende.

Vielen Adoptivbewerbern missfällt dieser Gedanke.

Sie haben in der Regel die ganze Maschinerie einer oder vieler Vermittlungsstellen durchlaufen, wurden „ausgewählt" und wollen nun endlich für ihr langes Warten mit einem Kind „belohnt" werden. Sie wollen sich nicht noch einer Auswahl stellen – und schon gar nicht *dieser!* Viele Adoptiveltern haben oberflächlich Angst um ihr Inkognito, viele aber auch davor, dass die leibliche Mutter, die ihnen als gebärfähige ohnehin Wesentliches voraus hat, den Stab über sie brechen könnte, indem sie sich gegen sie entscheidet. Eine neutrale, professionelle Entscheidungsinstanz wird von den meisten eher akzeptiert– auch wenn der Bescheid negativ ausfällt.

Sagt eine Mutter „nein" (was sie nicht zu begründen braucht!), dann ist das Urteil ungleich vernichtender: So nahe vor dem Ziel und so verletzend, weil scheinbar eine Befähigung zum Elternsein abgesprochen wird. Es gibt allerdings immer noch Adoptivbewerber, die aufgrund ihrer (bewusst oder unbewusst) stark ablehnenden Haltung abgebenden Müttern gegenüber diesen Frauen das Recht absprechen, die Auswahlentscheidung selber treffen zu dürfen: „Von so einer lass ich mir nicht sagen, ob ich ihr Kind großziehen kann oder nicht." Doch wird keine Adoption gelingen, die unter massiven Selbstwertstörungen, die aus einer solchen Einstellung sprechen, zustande kommt. Nur Adoptivbewerber, die aus vollem Herzen und mit Verständnis der abgebenden Mutter gegenüber dieses Verfahren akzeptieren können, sind auch den weiteren emotionalen und sozialen Stürmen auf Dauer gewachsen, die eine Adoption mit sich bringt.

Hat die Mutter sich für die Bewerber und diese sich für das entsprechende Kind entschieden, wird mit Hilfe der Adoptionsvermittlerin vereinbart, wie in der Zukunft miteinander Kontakt gehalten werden kann. Es bieten sich dafür Gemeindepfarrer an, zuverlässige Freunde und Verwandte, eventuell die Vermittlungsstelle selber, wobei sichergestellt werden muss, dass auch bei Personalwechsel das Austauschsystem nahtlos funktioniert. *Nachnamen und Adresse der Adoptiveltern sollten der Mutter unbekannt bleiben – auch zum eigenen Schutz!* Ein beiderseitiges Inkognito kann es ohnehin nicht geben, weil den Adoptiveltern alle Unterlagen des Kindes wie Geburtsurkunde, Taufschein, Impfbuch usw. mitgegeben werden müssen, aus denen sich auch die leiblichen Eltern, zumindest aber die leibliche Mutter ergibt. In den folgenden Jahren sollten sich beide Elternpaare des Kindes wegen um Kontakterhaltung bemühen – je nach Wunsch und Bedarf der von der Adoption Betroffenen. Dazu gehören der Austausch von Informationen übereinander und über das Kind, der Austausch von Fotos, die „Berichterstattung" an die Mutter über das Ergehen, die Entwicklung, die Fortschritte des Kindes – über ein Allgemeinwissen hinausgehend („als Einziges habe ich erfahren, dass mein Sohn eingeschult wurde. Das konnte ich mir auch von allein denken – schließlich ist er sechseinhalb Jahre alt!" – Eine solche Information reicht nicht aus. Sie verletzt sogar zusätzlich).

Der Informationsfluss dabei ist aber nicht nur einspurig. Auch die Mutter schreibt von ihrem Leben, ihren Veränderungen (z. B. Heirat, Ortswechsel, gesundheitlichem Ergehen ...) und bleibt so für Adoptiveltern und Kind vorstellbar und lebendig. Nachträglich kann sie auch noch Auskünfte z. B. über eigene Krankheiten, Erbkrankheiten in der Familie oder über andere Besonderheiten aus der Vergangenheit des Kindes berichten, wenn dazu Fragen auftauchen. Häufig dienen derartige Hinweise einer schnelleren und sicheren Diagnose, während bei völlig unbekannter Familienanamnese nicht selten lange im Dunkeln herumdiagnostiziert werden muss!

Nur Adoptiveltern, die ihr Kind über seinen Adoptionsstatus nicht aufklären wollen, werden ein solches Verfahren zu vermeiden suchen oder sich einige Zeit nach Erhalt des Kindes nicht mehr an die Vereinbarungen halten. Für den Fall, dass Adoptiveltern ihren Kindern frühzeitig die Wahrheit über ihre Herkunft sagen und bereit sind, in eine „lebenslange" Auseinandersetzung sowohl im positiven wie auch im negativen Sinne mit ihnen zu treten, wird ein (teilanonymer) Kontakt zur Mutter nur von Vorteil sein. Da das Kind früh weiß, dass wo anders noch eine weitere Mutter existiert, wird es auch laufend Nachrichten von ihr empfangen können. Eine permanente Irritation ist dann nicht zu befürchten, wenn die Eltern die Briefe selber als eine Selbstverständlichkeit ansehen, wenn sie sich freuen, von der Mutter ihres Kindes zu hören und wenn sie mitschwingend Anteil nehmen an deren Leben. Unter diesen Umständen können sie auch das Kind Anteil nehmen lassen und ihm sagen, dass es nach Volljährigkeit seine Mutter kennen lernen kann, wenn es das möchte!

Einen großen organisatorischen Vorteil – neben einer Anzahl mitmenschlicher – hat dieses Verfahren: Eltern und

Mutter wissen sich zu finden, wenn das Kind nach Vollendung des 18. Lebensjahres die Kontaktaufnahme zur leiblichen Mutter anstrebt. Es entfällt die langwierige Einschaltung von Meldebehörden, Jugendämtern und Vormundschaftsgerichten und somit auch die ganz individuelle Entscheidung des einzelnen Beamten oder Vermittlers, ob er die Suche bejaht oder verneint, ob er sie gut findet oder nicht – und sich entsprechend verhält. Es entfällt die Einschaltung von teuren Detekteien und die Angst vor immer wiederkehrenden Enttäuschungen, wenn noch und noch keine Spur gefunden wurde. Es entfällt auch die angstvolle Annäherung: Wird sie mich sehen wollen? Werde ich abgelehnt? Was werde ich vorfinden? Werde ich vor Entsetzen in ein tiefes, schwarzes Loch fallen oder werde ich angenommen werden? Diese Fragen beschäftigen beide Seiten: sowohl das Kind als auch die Mutter.

Sie fallen fort, wenn über alle Jahre der Adoption hin Offenheit zwischen den Partnern herrschte. Die psychische „Arbeit" der gegenseitigen Annäherung ist auch dann noch schwer genug und kann manchmal nur mit Hilfe Unbeteiligter geleistet werden.

Das bedeutet: *Langfristig* muss es zu einer Öffnung der Adoption kommen, um spätere Suche und Kennenlernen zu erleichtern und um jahrelangen Ängsten und Unsicherheiten vorzubeugen.

Eine *kurzfristige* Hilfe, mit der einem Misslingen vorgebeugt werden kann, sehe ich in der „Begleitung" der Suchenden, wenn diese gewünscht wird. Oft haben Adoptierte oder leibliche Mütter keinen Gesprächspartner und keinen Zuhörer, mit dem sie sich austauschen können über das, was sie planen. Durch das Gespräch werden die eigenen Gedanken „sortiert", werden Angst und Abwehr deutlicher, werden auch Widersprüche im eigenen Wollen und Handeln klarer.

Gleichzeitig kann eine Beratung aber auch kanalisieren: Will ich oder will ich (noch) nicht? Was hoffe, was befürchte, was erwarte ich? Warum suche ich überhaupt und was könnte mich ent-täuschen (d.h. täusche ich mich in irgendeinem Punkt oder bin ich enttäuscht worden?). Dass diese Hilfe kein „Ausfragen" und auch kein Abfragen von Motiven sein darf, ist selbstredend. Der Helfer hat kein Recht, hineinzureden, abzuhalten, Motive „kritisch zu hinterfragen", auszureden . . . Er kann Erkenntnisse leiten – und er muss ein ruhiger, geduldiger, mitschwingender Gesprächspartner sein.

In einigen wenigen Fällen wird es sich ergeben, aus längerer Beratungserfahrung heraus wirklich auch einmal Rat zu erteilen (dessen Annahme selbstverständlich dem Klienten offen steht, ohne dass die beratende Beziehung dadurch verändert wird!).

Ich denke an eine Situation, wo ich – entgegen meiner sonstigen Arbeitsmethodik – einmal gesagt habe: „Das würde ich nicht tun".

Eine Mutter hatte gerade Nachricht bekommen, dass ihr Sohn in den USA gefunden worden ist. Sie hatte außer der Adresse und dem Hinweis, dass er verheiratet sei und zwei Kinder habe, nichts erfahren – noch nicht einmal, ob er von der Suche der Mutter unterrichtet worden war. Sie wollte – voll überschäumender Freude – sofort ein Flugticket bestellen und zu ihm fliegen!

Meine „Warnung" entsprang einem „Fall", von dem ich kurze Zeit vorher gehört hatte: Da war die Mutter mitsamt Ehemann, der aber nicht mit dem Vater des Sohnes identisch war, spontan in die USA aufgebrochen und hatte sich – damit die lange, teure Anreise auch lohnte – gleich für mehrere Wochen beim wiedergefundenen Sohn eingenistet. Es soll die schiere Katastrophe gewesen sein!

Mein generelles Raten – wenn mich jemand um Rat fragt – ist immer: Vorsicht, Ruhe, Gemächlichkeit – „nichts überstürzen!" Was 20, 30 Jahre getrennt war und ausgehalten werden musste, kann jetzt auch noch ein paar Wochen des langsamen Aufeinanderzugehens warten! (Ausnahme: Der Gefundene ist schwer krank, liegt im Sterben oder Ähnliches!)

Ich gebe zu, dass ich diesen „Rat" schon öfter erteilt habe – und dass er gelegentlich auch angenommen wurde. Letztlich ist der Betroffene „Herr oder Herrin des Verfahrens" und er/sie muss der eigenen Entscheidung folgen – manchmal eben dann auch mit schwerwiegenden Folgen!

Wer suchen will, muss wissen!

Über Aufklärung von Adoptivkindern kann hier nicht vertiefend eingegangen werden, weil das den Rahmen dieses Buches sprengen würde. (Vgl. dazu Swientek, „Was Adoptivkinder wissen sollten und wie man es ihnen sagen kann", 1996. Dieses Buch befasst sich wie ein Ratgeber ausführlich mit dieser Thematik.)

Dennoch sollen ein paar Hinweise die Richtung angeben, die das Gespräch mit Adoptivkindern betrifft.

- Im Mittelpunkt einer jeden Erziehung steht die Wahrheit und Wahrhaftigkeit zwischen Erzieher und Erzogenem. Einem Kind seine Herkunft zu verschweigen und so zu tun „als ob", ist eine Lebenslüge, die sich auf die Kommunikation der Familienmitglieder und die ganze Biografie des Kindes auswirkt.

- Wenn Eltern ihre Kinder nicht „aufklären", tun es andere: Adoption ist nicht geheim zu halten! Es gibt Menschen, die darüber Bescheid wissen, es gibt Akten und Dokumente – und Eltern sind im Verstecken nie so gut, wie Kinder im Finden!

- Ähnlich der Sexualerziehung ist die „Aufklärung" nicht ein einmaliges Ereignis, sondern ein lebenslanges Gespräch zwischen den Beteiligten.

- Ein Adoptivkind, das in den Kindergarten kommt, sollte über seinen Status aufgeklärt sein. Der späteste Zeitpunkt ist jedoch die Einschulung! (Hinter dieser Forderung steht das Wissen über die Informiertheit von Kindergarten, Schule, Nachbarn, Verwandten, Freunden ...)

- Das erste Gespräch darüber findet statt, wenn das Kind die erste Frage stellt. Wird diese Frage mit einer Lüge beantwortet (aus Schreck!), dann ist dem weiteren Lügen Tür und Tor geöffnet, weil zusätzlich zu dem „Belastenden" dann auch noch die Unwahrheit eingestanden werden muss.

- Die erste Frage des Kindes ergibt sich in der Regel, wenn ein Kind eine hochschwangere Frau sieht. „War ich auch mal in deinem Bauch?" Einem Vorschulkind kann diese Frage ohne Probleme wahrheitsgemäß beantwortet werden – es hat noch keine Urteile und Vorurteile über die unterschiedlichste Familien- und Gesellungsformen. So wie es selber aufwächst, so ist es richtig! Das „unrichtig" kommt (in der Familie) erst hinzu, wenn es mit Hemmungen, mit Ausweichen, Stottern, Verlegenheit, sichtbarer Mühsal ... dargeboten wird.

- Ein Kind in diesem Alter kann gut akzeptieren, dass Familien auf unterschiedlichste Weise zusammenkommen. Es kann das aber nur akzeptieren, wenn die aufklärenden Eltern selber vorurteilsfrei sind und nicht glauben, dass die „heile" und biologische Vater-Mutter-Kind-Familie das non plus ultra ist.

- Ein einmal informiertes Kind wird weiterfragen. Je nach eigenem Wissensstand und Interesse wird es seine Fragen erweitern. Es gibt keinen Grund, etwas zu verschweigen oder die Unwahrheit zu sagen. Wenn ein Kind (z. B. aus Zeitgründen) auf später vertröstet werden muss, müssen die Eltern die Thematik wieder aufgreifen!

- Insbesondere Kinderbücher von guter Qualität können eine große Hilfe bei den Gesprächen sein. Sie zeigen dem Kind nicht nur, dass dieses Thema auch andere betrifft, sondern sie bieten einen guten Gesprächseinstieg zwischen Eltern und Kind: Verbindungslinien, Vergleiche, Gemeinsamkeiten, noch unbekannte Fakten ...

- Wenn Adoptiveltern locker und offen mit diesem Thema umgehen können, wird es für die Kinder kein Problem. Können sie es nur schlecht, dann sollten sie sich professionellen Rat einholen. Noch besser: Gespräche mit anderen „Normal"-Eltern und Adoptiveltern. Im Austausch von Ängsten und Erfahrungen lässt sich vieles einfacher bewältigen. Sollten Eltern überhaupt nicht über die Adoption sprechen können oder wollen, dann sollten sie sich (vorher!) überlegen, ob sie überhaupt als Adoptiveltern geeignet sind! Und sie sollten daran arbeiten, welche Bedeutung Kinder, Familie, Ehe, Sexualität ... überhaupt für sie haben!

- Ob Kindergarten und Schulen über den Adoptionsstatus Bescheid wissen müssen, ist fraglich. Ein „normales" Kind benötigt keinen „Bonus", der es in eine nicht immer nur positive Rolle drängt. Bei Kindern mit „Besonderheiten" (z. B. starken Verhaltensauffälligkeiten aufgrund längerer Heimunterbringung oder mehrfacher Familienwechsel) sollte die zuständige Pädagogin Bescheid wissen. Die Adoption überall bekannt zu machen, um das eigene (soziale) Image zu heben, verbietet sich von selber. (Leider nicht immer!)

- Ein Adoptivkind in der Pubertät wird möglicherweise größere Pubertätsprobleme haben und machen als ein leibliches. Zu seiner entwicklungsbedingten Verunsicherung kommt die Verunsicherung über seine Biografie, die Abstammung, die Fortgabe. Das ohnehin angeknackste Selbstwertgefühl der 13–17-Jährigen kann noch empfindlicher reagieren, wenn die Adoption als problematisch erlebt wird.

- Dass Kinder in diesem Alter ihren Eltern sagen: „Du hast mir gar nichts zu sagen!" kommt in den besten Kreisen vor! Das sagt *jeder* Jugendliche irgendwann mal – weil er meint, nun habe nur noch er alleine über sich zu bestimmen. Adoptiveltern werden von diesem Ausspruch in besonderer Weise getroffen: Wenn sie kein stabiles Selbstwertgefühl als „richtige" Eltern entwickelt haben, kann es über diesem oder ähnlichen Aussprüchen zu massiven Störungen der Beziehung kommen.

- Pubertierende wollen nicht nur genaue Daten über ihre leiblichen Eltern erfahren, sondern sie oft auch schon suchen. Wenn ein vertrauensvolles Eltern-Kind-Verhältnis besteht, in dem man voneinander weiß, dass Versprechen eingehalten werden, dann können Eltern ihrem Kind sagen, dass es jetzt noch nicht suchen kann, dass sie ihm aber helfen werden, wenn es volljährig wird. In der Zwischenzeit sollten sie sich (falls sie das nicht schon vor der Inpflegegabe des Kindes getan haben) bei Behörden und der Vermittlungsstelle „klug fragen" über alles, was der Jugendliche später wissen sollte.

- Wenn sich in Zukunft eine Öffnung der Adoption einbürgert, wird eine (gemeinsame) Suche auch wesentlich unproblematischer sein als heute: Die Eltern werden wahrscheinlich über das Leben der Mutter und ihre Adresse informiert sein – genau wie umgekehrt die Mutter über das Leben ihres Kindes bei den „neuen“ Eltern (gegebenenfalls weiterhin unter der Wahrung des Inkognito!).

- *Grundregel* also muss sein: *Offenheit, Wahrheit, Vertrauen!* Wenn sie befolgt wird, kann es kaum zu solchen Pannen und Verrenkungen aller Beteiligten kommen, wie sie in diesem Buch über alle Kapitel verstreut sind!

Wenn alle diese „Regeln“ befolgt sind, wenn ein grundlegendes Vertrauen herrscht zwischen den Eltern und den Kindern, wenn keine verqueren Erwartungs- und Dankbarkeitshaltungen die Beziehung stören und wenn die leiblichen Eltern nicht über all die Jahre als potentielle Gefahr und als (gebärfähige!) Konkurrenz betrachtet wurden . . . dann könnte es mit einer gemeinsamen (!) Suche oder mit einer Suche mit Unterstützung der Adoptiveltern nicht schwer sein.

Babyklappen und anonyme Geburt – 25 Jahre Rückschritt?

In den letzten 25 Jahren hat sich in der gesamten Adoptionsthematik sehr viel geändert und gebessert. Einmal abgesehen von den immer problematischer werdenden Adoptionen mit Auslandsbeteiligung ist in die Szene eine große Gesprächsbereitschaft, Offenheit und Fortbildungsfreudigkeit eingekehrt. Auch hat es in „den Ämtern" einen Generationenwechsel gegeben – und damit andere Einstellungen zu ledigen Müttern, abgebenden Müttern, „Rabenmüttern".

Seit etwa 15 Jahren finden Betroffene sich in Selbsthilfegruppen zusammen: Adoptierte, abgebende Mütter, Adoptiveltern – jeweils voneinander getrennt . . . und in einigen wenigen Orten als Gruppen, in denen alle drei Beteiligen zusammensitzen.

Adoptierte finden andere Adoptierte – auch wenn es noch immer vorkommt, dass sich bei mir jemand meldet und schreibt: „Ich bin 22 Jahre alt, adoptiert und bin noch nie einem Menschen begegnet, der ebenfalls adoptiert wurde." Dem ist heute schnell abzuhelfen: Hinweise auf konkrete Adressen oder auf kommunale Selbsthilfe-Gruppen-Beratungsstellen führen zum gewünschten Ergebnis, dem Gespräch mit anderen Adoptierten.

Am deutlichsten zeichnet sich ein Fortschritt im Denken allerdings bei dem Thema „abgebende Mütter" ab. Diese Frauen, die sich über Jahrzehnte in Schuld und Scham verkrochen haben, gehen heute an die Öffentlichkeit, sind organisiert (wenngleich noch nicht stark genug), diskutieren in Massenmedien mit – und diese sind weitgehend davon abgekommen, in „diesen Frauen“ exotische Schaustücke zu sehen.

Auch Adoptiveltern haben sich zusammengeschlossen. Sie bilden sich fort, sie tauschen sich aus – und sie haben gelernt, wie wichtig Offenheit und Wahrheit sind, was „Aufklärung“ und spätere Suche anbelangt.

Adoption war auf dem Wege zu einer Normalisierung im Interesse aller Beteiligten.

Sie war es so lange, bis eine neue, alte Idee auftauchte: die vermeintliche (Lebens-)Rettung von ausgesetzten Kindern mit Hilfe von mittelalterlichen „Babyklappen“ und der anonymen Geburt. „Lebensrecht vor Abstammungsrecht“ ist der Schlachtruf der Befürworter. Und sie übersehen – und wollen auch nicht darüber aufgeklärt werden – dass mit beiden Maßnahmen, vor allem aber dem Angebot der anonymen Geburt, die Zahl künstlich geschaffener „Findelkinder“ um ein Vielfaches steigen wird! 20–40 ausgesetzte Kinder soll es pro Jahr in Deutschland geben. Genaue Zahlen sind unbekannt, da es sich um mehrere Delikte gleichzeitig handelt, wenn ein Kind ausgesetzt wird, und diese Delikte andererseits viele andere Bevölkerungs- und Altersgruppen gleichermaßen betreffen.

In Frankreich gibt es seit über 60 Jahren die anonyme Geburt. Dort werden pro Jahr (mit leicht abnehmender Tendenz) rund 600 Kinder als „Baby X“ geboren, die nie erfahren werden, woher sie stammen, wer ihre Eltern sind und warum man ihnen keine Herkunft zugestand.

Diese Adoptierten kämpfen seit Jahrzehnten um ein Recht auf Abstammung und haben bereits erste Erfolge zu verzeichnen. Sie gucken nach Deutschland und fragen sich, warum bei uns das schiefe Rad neu erfunden werden muss, warum wir Fehler per Gesetz einführen wollen, die in Frankreich zu großen Problemen bei den Betreffenden geführt haben und noch immer führen.

Ein anonym geborenes Kind *kann nie* irgend etwas erfahren, was auf seine Abstammung hinweist. Seine Mutter, seine Eltern *werden nie* wieder einen Zugang zu ihm finden. Der einzige „Beweis" wäre eine DNA-Untersuchung . . . aber dafür müssen sich die beiden Parteien bereits gefunden haben, um nur noch für die Beweise zu sorgen. Und die Adoptiveltern wählen zwischen Strick und Schwert. Sie konfrontieren ihr Kind entweder ab seiner ersten Frage damit, dass es im Krankenhaus namenlos hinterlassen wurde – und leben dann gemeinsam mit diesem Kind über Jahrzehnte seinen Schmerz. Oder sie lügen und leben ein „als-ob": Du bist unser leibliches Kind. Kinder haben ein sehr feines Empfinden für Echtheit und Lüge. Sie er-spüren, wenn etwas nicht stimmt und sie spüren es am meisten und am schmerzhaftesten, wenn das große Unbekannte sie selber betrifft.

Für diese beiden Maßnahmen haben sich bisher ausschließlich „Fachleute" ausgesprochen, die dem Thema „Adoption" fern stehen: Bischöfe beider Konfessionen, Gynäkologen, Hebammen, Politikerinnen . . . Je näher jemand am Thema Adoption lebt, um so mehr rät er von beiden Maßnahmen ab. Dabei geht es nicht nur um die Frage von Abstammung und Identität, sondern auch um allgemeine Fragen der Frauenpolitik (die Not einer obdachlosen Mutter wird nicht gemindert durch die Fortnahme des Kindes, sondern durch die Vermittlung einer Wohnung!!) und der potentiellen kriminellen Handlungen, die von beiden Maßnahmen geradezu unterstützt werden.

Das ebenfalls neue Thema der Embryonen-Adoption liegt für die von Adoption Betroffenen auf der gleichen Ebene. Adoption ist kein Reparaturbetrieb für soziale und naturwissenschaftliche Fehlplanungen, sondern eine Notmaßnahme für elternlose Kinder, die von liebevollen Paaren aufgenommen werden.

Die Standards, die in den letzten 25 Jahren entwickelt wurden, bedürfen einer Fortschreibung, nicht jedoch eines Rückfalls, an dem abgebende Mütter, Adoptierte und Adoptiveltern gleicherweise zu leiden haben, weil ein soziales Problem durch falsche Problemlösungen aus der Welt geschaffen werden soll.

Das vorliegende Buch hat diese „Standards" beschrieben. Vielleicht trägt es dazu bei, dass gesprächsbereite Befürworter einer einzuführenden Anonymität sich den Argumenten der „Gegner", d. h. der Betroffenen und der AdoptionsvermittlerInnen und -forscherInnen öffnen.

Zitierte und weiterführende Literatur

Ade, Barbara: . . .die, die auszogen, sich selbst zu finden. Biografien erwachsener Adoptierter asiatischer Herkunft. Idstein 2000 (Schulz-Kirchner)

Auhagen-Stephanos, Ute: Wenn die Seele nein sagt. Reinbek 1991 (Rowohlt)

Bach, Rolf: Gekaufte Kinder. Babyhandel mit der Dritten Welt. Reinbek 1986 (Rowohlt)

Baer, Ingrid: Als deutsche Kinder ins Ausland adoptiert wurden. In: Wacker, Bernd (siehe dort)

Bott, Regula: Babyklappen, Findelkind, anonyme Geburt, Adoption. Hamburg 2001 (GZA, unveröffentlichtes Skript)

Brouck, Jeanne van den: Handbuch für Kinder mit schwierigen Eltern. Stuttgart 1981 (Klett-Cotta)

Drolshagen, Ebba D.: Nicht ungeschoren davon kommen. Das Schicksal der Frauen in den besetzten Ländern, die Wehrmachtssoldaten liebten. Hamburg 1998 (Hoffmann und Campe)

Ebertz, Beate: Adoption als Identitätsproblem. Zur Bewältigung der Trennung von biologischer Herkunft und sozialer Zugehörigkeit. Freiburg 1987 (Lambertus)

Engel, Ji Yuhn: Warum muss ich ausgerechnet in der Schweiz sein, wo jeder mir ansieht, dass ich nicht von hier bin? In: Schärer, Roland (siehe dort)

Goffmann, Erving: Stigma. Über Techniken der Bewältigung beschädigter Identität. Frankfurt 1974 (Suhrkamp)

Guderian, Claudia: Wo komm ich eigentlich her? Freiburg 1994 (Herder)
Hendriks, Tineke: Das Haus mit dem blauen Dach. Stuttgart 1996 (Urachhaus)
Herzog, Marianne: Suche. Darmstadt 1988 (Luchterhand)
Internationaler Sozialdienst e.V.: Was ist er? Was kann er für Sie tun? Frankfurt 1998 (ISD)
Johnston, Julie: Wir doch egal! Stuttgart 1998 (Urachhaus)
Keller-Thoma, Priska: Adoption aus der Sicht des Adoptivkindes. Diplom-Arbeit am Institut für Angewandte Psychologie der Universität Zürich. 1987.
Kjendsli, Veslemoy: Kinder der Schande. Berlin 1988 (Dirk Nishen).
Klinkhammer, Monika: Grenzbereich Auslandsadoption. Zur Problematik von Auslandsadoptionen unter besonderer Berücksichtigung abgebender peruanischer Mütter. Idstein 1990 (Schulz-Kirchner).
Knoll, Klaus-Dieter – Rehn, Marie-Luise: Adoption. Studie über den Adoptionserfolg und die psychosoziale Integration von Adoptierten. Nürnberg 1985 (Diakonisches Werk).
Kühl, Wolfgang: Wenn fremdländische Adoptivkinder erwachsen werden. Osnabrück 1985 (terre des hommes)
Kühl, Wolfgang: Adoptionserfolg bei Adoptivkindern fremdländischer Herkunft. Frankfurt/M. 1990 (Peter Lang)
Lifton, Betty Jean: Reise durch das Labyrinth der Kindheit. Memoiren einer Adoptivtochter Freiburg i.Br. 1992 (Herder)
Lifton, Betty Jean: Adoption. Stuttgart 1982 (Klett-Cotta).
A. M.: Die leibliche Mutter unseres Sohnes. In: Jahresbericht 1989 der Schweiz. Priv. Mütterberatung und Adoptivkindervermittlung (Rapperswil).
MacLachlan, Patricia: Schere, Stein, Papiere. Sophies Geschichte. Wien 1994 (Hanser)

Mastel, Marisa: Wer bin ich? Bin ich überhaupt jemand? In: Schärer, Roland (siehe dort)

Oguntoye, Katharina, u. a.: Farbe bekennen. Berlin 1991 (Orlanda)

Paulitz, Harald (Hg.): Adoption. Positionen – Impulse – Perspektiven. München 2000 (Beck)

Pedersen, Martin: Es schmerzte zu sehr, verlassen zu werden. In: Schäerer, Roland (siehe dort).

Schaefer, Carol: Ich werde dich finden, mein Sohn. Augsburg 1996 (Weltbild).

Schärer, Roland: Adoptiert. Lebensgeschichten ohne Anfang. Muri/Bern 1991 (Cosmos)

Schnibben, Cord: Ein Leben ohne Geburt. In: Der Spiegel 2/1996 S. 86-105

Studer, Martin: So verlief die Zeit, ohne dass meine Eltern sich je wieder über die Adoption äußerten. In: Schärer, Roland (siehe dort).

Sorosky, Arthur, u. a.: Zueinander kommen – miteinander leben. Eltern und Kinder erzählen. Reinbek 1982 (Rowohlt)

Sutcliff, Rosemary: Das vertauschte Kind. Stuttgart 1983 (Urachhaus)

Swientek, Christine: „Ich habe mein Kind fortgegeben." Die dunkle Seite der Adoption. Reinbek 1983 (Rowohlt)

Swientek, Christine: Die abgebende Mutter im Adoptionsverfahren. Bielefeld 1986 (B. Kleine)

Swientek, Christine: Was Adoptivkinder wissen sollten und wie man es ihnen sagen kann. Freiburg i. Br. 1996 (Herder)

Swientek, Christine: Gegen Babyklappen, anonyme Geburt, Änderung des Personenstandsgesetzes. Hannover 2001 (Reader, Univers. Hann.)

Toynbee, Polly: Adoptivkinder suchen ihre Mutter. Frankfurt 1989 (Fischer).

Wacker, Bernd (Hrsg.): Die letzte Chance? Adoptionen aus der 3. Welt. Reinbek 1991 (Rowohlt)
Wimmer, Wolfgang: Denk einfach, diese Frau dort sei deine Mutter. Oder: Reise an einen entfernten Ort. Reinbek 1989 (Rowohlt)

Adressen für schriftliche Suche-Anfragen

1. Deutschland

GZA
Feuerbergstr. 43 b

22337 Hamburg

Landeswohlfahrtsverband Baden
Landesjugendamt
Zentrale Adoptionsstelle
Postfach 4109

76026 Karlsruhe

Bayerisches Landesjugendamt
Zentrale Adoptionsstelle
Richelstr. 11

80636 München

Sächsisches Landesjugendamt
Zentrale Adoptionsstelle
Postfach 1048

09120 Chemnitz

Landesjugendamt Thüringen
Zentrale Adoptionsstelle
Neu-Ulmer-Str. 28

98603 Meiningen

Landesjugendamt
Mecklenburg-Vorpommern
Zentrale Adoptionsstelle
Postfach 2108

17011 Neubrandenburg

Landesamt für Versorgung und Soziales
Sachsen-Anhalt
Landesjugendamt
Zentrale Adoptionsstelle
Neustädter Passage 15

06122 Halle/Saale

Zentrale Adoptionsstelle
Berlin-Brandenburg
Schloßplatz 2

16515 Oranienburg

Landschaftsverband
Westfalen-Lippe-Landesjugendamt
Zentrale Adoptionsstelle
Warendorfer Str. 25

48133 Münster

Landschaftsverband Rheinland
Landesjugendamt
Zentrale Adoptionsstelle
Hermann-Pünder-Str. 1

50679 Köln

Landesjugendamt Hessen
Zentrale Adoptionsstelle
Wilhelmshöher Allee 157–159

34121 Kassel

Landesjugendamt Hessen
Zentrale Adoptionsstelle
Außenstelle Wiesbaden
Kleiststr. 25

65187 Wiesbaden

Landesamt für Soziales,
Jugend und Versorgung
Rheinland-Pfalz
Landesjugendamt
Zentrale Adoptionsstelle
Rheinallee 97–101

55118 Mainz

Landesjugendamt für Jugend,
Soziales und Versorgung
Landesjugendamt
Malstatter Markt 11

66115 Saarbrücken

Landeswohlfahrtsverband
Württemberg-Hohenzollern
Landesjugendamt
Zentrale Adoptionsstelle
Lindenspürstr. 39

70176 Stuttgart

Internationaler Sozialdienst (ISD)
Am Stockborn 5–7

60439 Frankfurt/Main

2. International

Australien

Victorian Adoption Network for
Information and Self Help (VANISH)
167 Drummond Street

Carlton 3053

Belgien

AMOK
Vrijdagmarkt 11

B 2000 Antwerpen

England

National Organisation for Counselling
Adoptees and Parents (NORCAP)
112 Church Road

Wheatley, Oxfordshire, OX33 1 LU

TRACE (Transatlantic Children's Endeavours)
The Coach House,
Between 28 & 30 Langley Avenue

Surbiton, Surrey KT6 6QP

British Agencies for Adoption
and Fostering (BAAF)
Skyline House, 200 Union Street

London SE1 OLX

Natural Parents Network (N.P.N.)
10 Alandale Crescent

Garforth
Leeds LS25 1DH

Holland

Voorlichting indetlandelijke adoptie (via)
Postbus 290

NL-3500 AG Utrecht

Österreich

Bundesverband
österr. Adoptiveltern-Vereinigungen
Rodlergasse 15

A-1190 Wien

Schweden

Riksförbundet för Familjess Rättingheter (RFFR)
Bastugatan 41

11825 Stockholm

Partnerschaftliche Zusammenarbeit
mit Geburts-Familien
Das Familien-Konferenz-Projekt
Ewa Näslund
Brisvägen 18

24335 Höör

Schweiz

Schweizerische Fachstelle für Adoption
Hofwiesenstr. 3

CH-8042 Zürich

USA

Leonie D. Boehmer
805 Alvarado Drive N.E:

Albuquerque, N.M. 87108

Cheyenne Bradley
P.O.Box 2171

Joshua Tree, CA 922252

International Soundex Reunion Registry (I.S.R.R.)
P.O.Box 2312

Carson City, NV 89702

3. Weitergehende Information und Kontakte:

PFAD
Bundesverband der
Pflege- und Adoptivfamilien e. V.
Große Seestr. 27

60486 Frankfurt/Main

Auch **Jugendämter** und **Adoptionsvermittlungsstellen** nennen Ihnen Kontaktadressen von:

Selbsthilfegruppen
Erwachsenen Adoptierte

NEW – Noch Ein Weg e. V.
Jugendliche aus Pflege- und Adoptivfamilien

Bundesverband Behinderter Pflegekinder e. V.

Netzwerk Herkunftseltern e. V.

Hinweise zu PFAD gibt auch:
DPWV-Gesamtverband
Heinrich-Hoffmann-Str. 3
60528 Frankfurt/Main

Klaus Hurrelmann/Gerlinde Unverzagt
Kinder stark machen für das Leben
Herzenswärme, Freiräume, klare Regeln
Band 4937
Das „magische Dreieck", das Eltern hilft, innere Stärke und Selbstständigkeit an ihre Kinder weiterzugeben.

Richard F. Miniter
Mike
Wie ein elternloser Junge doch noch ein Zuhause fand
Band 5214
Eine wahre und bewegende Geschichte über die Kraft der Liebe von Eltern.

Monika Niederle
Kinderängste verstehen
Eltern geben Mut und Sicherheit
Band 4821
Trennungsängste, Verlassenheitsängste, Versagensängste: Eine konsequente Erziehung ist der beste Schutz davor.

Walter Pacher
Wenn Kinder ihre Macht erproben
Freiheit lassen und Grenzen setzen
Band 4793
Der erfahrene Gordon-Trainer zeigt, wie ohne Niederlagen Konflikte und Probleme gelöst werden können.

Emmi Pikler/Anna Tardos u. a.
Miteinander vertraut werden
Wie wir mit Babies und kleinen Kindern gut umgehen – ein Ratgeber für junge Eltern
Band 4923
Aufmerksam, achtsam respektvoll mit den Kleinen umgehen, ihre Signale verstehen und darauf reagieren – Ein konkreter Ratgeber für einen sensiblen, liebevollen Umgangsstil mit Kleinkindern.

Gisela Preuschoff
Eltern brauchen Grundvertrauen
Wie Ihre Zuversicht den Kindern hilft
Band 5502

Ängste um Kinder sind zwar verständlich, können aber belastend sein. Die Autorin zeigt, wie Eltern Sorgen in Segen verwandeln können.

Margarethe Schindler
Als meine Kinder anfingen, erwachsen zu werden
Ein Mütter-Buch
Band 5096

Die bekannte Psychologin schreibt von ihren drei Kindern – und von ihren Gefühlen: Hoffnungen und Sorgen, Erinnerungen und inneren Konflikten.

Theo u. Julitta Schoenacker/John Platt
Die Kunst, als Familie zu leben
Ein Erziehungsratgeber nach Rudolf Dreikurs
Band 4782

Kinder sind von klein an ernstzunehmende soziale Wesen. Wie man diese Anlagen entdeckt und eine entspannte Beziehung aufbaut, zeigt dieses Buch.

Peter Veith
Jedes Kind braucht seinen Platz
Geschwister in der Familie
Band 4792

Alles über die Entwicklungsmöglichkeiten, Schwierigkeiten und Chancen geschwisterlichen Miteinanders.

Gerlinde Unverzagt
Kinder, vertragt euch doch!
Warum Geschwister nicht nur friedlich sein können
Band 5088

Raushalten oder einmischen, wenn Geschwister Zoff miteinander haben? Wie man sich akzeptieren, streiten – und sich vertragen lernt.